心的鍛鍊

禪修的觀念與方法

釋繼程・著

〔新版序一〕寫給台灣讀者

禪乃調心修心鍊心之法　因過禪而將心調至粗從粗修至細而至一心依一心鍊至無心

禪修正確觀念與正確知見之建立乃引導整體禪修之指南

禪修正確方法之運行即是調心之次第

修行持續乃至完成之所依

自敬

禪修正確心態之建設乃禪修過程中保持正知見應用正確方法而達到正確目標貫徹始終的心理狀態因緣具足一切現成偈曰

春花秋月夏風冬雪
在聖不增在凡不減
枝有長短法無高下
頭頭是道道道皆禪

序心的鍛鍊原書名春在枝頭

庚寅八月於太平繼程并題

〔新版序二〕禪為何物？

問禪者：「禪為何物？」

「直透生死大事！」

禪是調心、修心、鍊心的方法。

為何要調心、修心、鍊心？

世俗的心，未調的心，散漫、散亂。

五根觸五塵時，總是收到雜染、局部乃至支離破碎的訊息，所以容易做出誤失的判斷，抉擇及行動時就會有錯誤，造作種種業，招感苦惱而輪迴不息。

調心時，是應用修定的方法來收攝、凝聚散亂的心，使心集中，並將心從粗修至細，漸而修至集中、一心不亂的定境。若再依觀想修慧的方法，開啟智慧，就能使心從苦惱、輪迴中解脫。

在應用修止修觀的方法時，需要有正確的觀念，即是正確的知見來引導，依循正確的軌道，朝著正確的方向與目標，如此在修行時，方不會迷失方向，或誤入歧途。正見建立，需有正確的方法來實際運行。有次第、有系統的方法，在實踐時，方能循序漸進，漸而達到正確的目標。

而正見與方法在結合運行時，也必須有正確的心態，來貫徹整個修行的始和終。因為縱使是正見與正確方法都具足了，在實際應用時，過程中必會有種種身心狀況出現。如果心理建設不夠穩定，修行態度不夠堅決，很容易被這些身心狀況影響或干擾，可能就會放棄或迷惑，而誤入歧途。正確心態的穩定與堅決，才能確保修行是朝著正確的方向與目標前進，並沒有離開正確方法的把握而能貫徹始終，完成修止修觀的禪法，達到解脫生死的目標。

要讓禪者把握知見、方法與心態的正確而能確保禪修的貫徹始終，禪修的指導是很重要的。因此，在禪修課程中的開示，就得扮演這一重要的角色，發揮它的功能。

在多年的禪修指導中，我總會在開示中完整地傳達這個重要訊息。一九九五年的兩次靜（禪）七開示中，對此有相當完整的涵蓋，故請學生筆錄而出版成書流通。

此書自台灣中華佛青會版，至馬來西亞法露緣和法雨的兩個版本，而至美國佛教會版、香港佛教青年協會版，流通面頗廣，都受到歡迎，認為對禪者在禪修方面有很好的指導。今法鼓文化重新校編，版本更為精緻，並定位為禪修入門的指南。

此書原名為《春在枝頭》，書名較感性，法鼓版改為《心的鍛鍊》，較理性，而直接點出「禪修的觀念與方法」，這應更符合本書的內容。

略述因緣為本書新版序。

二〇一〇年十月二十二日下午於太平

〔原版序〕春在枝頭

是誰把春帶到人間，讓春在枝頭綻放？
是誰將悟帶給人兒，讓悟在心中開放？
法爾本然，時節因緣成熟，春自會來到人間，尋春的人，知否，知否？
佛性本具，成道因緣具足，悟便會現在人心，求悟的人，知否，知否？
詠春的詩，不一定要把春寫在紙上；啟悟的偈，不一定要把悟掛在口中。
藉著許多景物，大自然的景象，就可以把春襯出，讓人們知之、見之。
憑著許多譬喻，開悟者的經驗，就可以將悟傳達，讓人們領悟、體驗。
然而，最好的方法，莫過於親自去尋覓，終而見到，此時的春景，必然親切無比。
是的，最佳的途徑，還在於親身去修持，終而悟入，當下的悟境，已然融會一體。
過程中，他人的經歷、體會，對我們欣賞春景，仍不失為適當的指南，只要我們再進一步細細品嘗，便會有更新的體會。
修道時，前人的體驗、悟境，對我們修持開悟，仍可做為很好的開示；若我們能更深一層去好好透入，便會有親證的悟境。

這一切間接與直接的經驗，都有其作用及一定的意義。

二者之間的相應相契，融成一體時，春便在枝頭，悟也在心中了。

屆時，只是會心一笑：原來如此，當下如是。

繼程於太平

目錄

卷二 精進篇

正觀想

正解脫

卷一

基礎篇

只管用功

從多次主持禪七的經驗裡發現到，打七時，正確的觀念及方法的掌握雖然重要，可是禪修的動機和用心也是非常關鍵性的。

一、打七的動機愈單純愈好

在禪堂打七的時候，經常會發生問題，有一些固然是自己生理上的問題，比如會出現種種的身體反應和障礙；有一些卻是心理問題。有的人，你說他不懂得佛法嗎？他懂。你說他不懂得禪修的方法嗎？他也懂；甚至一些重要的修行觀念，基本上他也知道。可是進到禪堂後，卻不能將觀念融入用功的心裡去。打七的要領其實並不複雜，動機也是愈單純愈好。其實一進入禪堂，只需抱持一個很單純的觀念：「我是來用功的。」也就是說，你進到禪堂，沒有其他的動機，只是很誠心、很單純地來用功。

修行用功的最終目的當然是要解脫生死，但是想要得到解脫的果，必須具備解脫的因。所謂的因，就是你要能夠放得下，必須放下所有一切的「有」，你才可能證到空。

因此，在打七的過程中，能把自己的心理負擔放得愈輕愈好。修行動機愈單純，你的工夫愈能夠用得上。但是，有些人卻先給自己壓力；有些人則因為某種心態的問題，會盤想著在禪七時，要如何去表現自己，讓別人注意到他；或者是打完禪七之後，能夠得到怎樣的成果，這些都是內心的種種煩惱。如果你覺察到自己有類似動機的話就得注意，一定要把它消除掉。

原本在做一件事情，或者是學佛的時候，先確定一個目標再去做，這是沒有錯的。但是在禪七的過程中，最好還是要把目標暫時放在一邊。心裡不要一直去想會有怎樣的結果，只要把握現在這個時間、正在應用的方法，很誠心、很單純地去用功。只要你很專心、很投入地把方法用好了，自然就會產生一種增上的力量。

在像禪七這種密集的共修課程裡，一般上都會凝聚一股比較有力量的共修氣氛，所以大部分的人都能夠在這種氣氛下把工夫用上去。這種工夫在平常用功時比較不容易發揮，即使是平時與一群人共修也不太容易發揮；但是在禪七期間，這種凝聚的共修氣氛很可能就發揮出來。所以在打七期間，各種不同的情況都可能出現。只有當這些情況出現時，我們才用適當的方法去處理它；在還未出現之前，不要去理會它。如果是別人出現了這些情況，比如坐在你旁邊的人有了一些身心反應，你不要去理會，也不要去猜想，因為那是他的問題，不是你的問題；那是他的狀況，不是你的狀況。你的情況和他不一樣，不要以為有了一些哭哭鬧鬧的反應，就表示你的工夫用得比別人好。

修學止觀法門，其實就是對自己的身心做一個大幅度的調整。在這個調整的過程中，當然會出現一些反應與狀況，但這只是表示當時用功的情況而已，並不表示你的方法一定用得比別人好。很多人以為在用功的時候，一定要有一些狀況、反應，才表示有把工夫用上去。但這些常常有狀況出現的人，可能是因為身體的健康狀況不好；身體不好的人，一般上生理的反應會比較多，甚至比較激烈。如果你以為出現這些狀況是表示工夫好，也想這樣來表現自己的話，那就很麻煩了。當你有這種要表現的心態時，就常常會在心裡暗示自己。心理學有談到這種暗示的作用，暗示多了以後，你會以假為真，看到別人哭，你真的也會跟著他一起哭；看到別人氣動，你的身體也會動起來。可是這些都不是真實的情況，都不是用功過程裡自然的反應，而是自己加上了心理暗示的作用。禪修不要加工的東西，要自然的過程。

在用功時，只需要把方法掌握好，就這樣一直繼續用功下去。至於這個工夫會用到什麼程度，就得看你自己所具備的內在條件了。如果你的慧根不是那麼深厚，也就表示你的宿世因緣不是很充足，當然就不能夠強求什麼。除此之外，在學會方法之前，你在其他方面的因緣或者工夫用得如何？這也是關鍵之一。

二、不求表現，也不和他人比較

在《小止觀》的「二十五方便」裡，談到持戒清淨是第一個方便。如果一個人在未學佛修行之前就已經是一個很善良的人，也很懂得照顧別人，那麼他學佛之後持戒，戒行自然就很清淨了，這是上品戒。如果你出世在一個比較理想或有佛法的環境，成長過程中，養成善良的個性，或有殊勝的學佛因緣，那你也是有善根的。

如果你現在開始學佛，修學止觀法門，你所能掌握的善根因緣，至少在這一生中就比別人殊勝了。如果你以前犯有種種錯誤的行為，學佛之後雖然知道悔改，但是曾經造作的一些惡行惡業，還是可能會發生一些作用，成為修學的障礙，這表示你的善根可能並不足夠，所以行為不太清淨。

此外，學會方法之後，你用了多少時間在方法上？這個也很重要。如果每天都有安排時間用功，每天定時定量的用功都是一種累積。如果平常都不用功，等到報名參加禪七之後，才開始用一點工夫；或收到錄取通知書之後，才加緊練腿，帶著這樣的工夫進入禪堂，是不會有什麼好的效果，你自己應該心裡有數囉！

如果你是這樣用功的，和那些學會方法很久、打過好幾次禪七，每天也都有固定時間用功的人，所累積的用功力量是不一樣的，所以也不要去和別人比較；你自己所能掌握的條件到什麼程度，就是到那裡了。工夫並不是要打七時，才來累積的。

參加禪修，在某種意義上，是希望通過這樣一個密集的修行課程，把以往種種的善根，包括宿世因緣，甚至平常累積的力量凝聚起來。如果你以往所累積下來的都是疏疏散散的工夫，現在才想要累積它，會發現它沒有一種凝聚的力量，一整個禪七打下來，當然是稀稀鬆鬆了。別人也許一直以來的工夫都用得很好，而且在過程中都有很好的凝聚力，所以他能夠應用打七的機緣，把工夫凝聚得更好、用得更順，甚至用得更深。

每個人的因緣、條件都不一樣，所以禪修的情況也不一樣。我們在打坐時，即使不能把工夫用好，也不要替自己製造更多的麻煩、更大的障礙。如果你有了比較的心理，一旦旁邊的人在氣動時，你就會盤算著：「好，我也要開始『發動』了。」你發動了以後，原本凝聚的工夫也散去了，你就更加不甘心。你的心並不是放在工夫上，而是一直在這種不純的動機上打轉。

另外，當牽涉到比較與表現的時候，比如面子問題，你可能想：「我學佛已有一、二十年了，學佛的年資已經很夠了。」或「我這麼老資格的佛教徒，大家都認識我。」如果你又有一點名堂的話，這些都會形成一種壓力。你的身分就是你的面子，為了要維護這個面子，你就會開始求表現。如果別人能夠坐半個小時，那自己最少也要坐上兩個小時，這樣才表示工夫到家。可是在這兩個小時裡面，你的心並不是真正地平靜，實際上你挨得非常痛苦，這不是適當地用功。坦白說，沒有人會去注意你的表現。如果大家都是真正在用功，誰去管你什麼人在那邊吵吵鬧鬧的？你也不要想表現給護七和師父看，那是沒有用的。

每次禪七，我都會不斷地提醒大家，不要有比較和表現的心理。可是一進入禪堂，大家都忘記了，這種煩惱、障礙又出現了。這些煩惱夾雜著內心貪、驕、慢及覆等煩惱，是屬於惡性的心理作用，這種種煩惱湊合起來會形成一種力量。雖然開始時它沒有很大的力量，只是偶爾浮現一下，但是如果你沒有小心地覺察到它，慢慢就會凝聚成一股力量。當它顯現到某個程度讓你覺察到的時候，而你又不想糾正或調整它，那就很麻煩了。

當我們在用功時，基本上前五根的作用會盡量地減少，而大部分所緣的都是意識所緣的境界。意識所緣的境界有深淺不同的層次，淺的層面實際上是從深的層面裡，慢慢地一個層次、一個層次顯現出來的。如果禪修的工夫沒有很好，一般上可以覺察到的都是比較淺的層面，較深的心理作用必須等浮現到表層時，才能夠覺察到它。但當它浮現到表層讓我們能夠覺察到時，就不容易克服了。雖然不容易調整或糾正過來，還是有辦法把它拋開的。實際上這些貪、驕、慢及覆等惡性的心理煩惱，是內心比較微細、深沉的作用。當我們用功到某個階段，心比較靜下來的時候，便能夠往內心更深一層去覺察這些深細的作用，從而減輕這些困擾、煩惱。

因此，進入禪堂用功的時候，你要把內心所有複雜的動機都放在一邊，把你學佛的年資放在一邊，把你的身分放在一邊，把你外在的一些與名聞有牽涉的事物也都放在一邊，把一切可能成為障礙的心理消除。你只是抱著很單純的心，以不貪、不驕、不慢、不覆等善性的心理來安頓自己的工夫。

當你的心態調整好了之後，還得時時刻刻提醒自己、警惕自己。每天晚上的最後一支香，可以自我反省，問一問自己：「我今天有沒有惡性的心理？有沒有想要得到什麼東西？有沒有刻意要表現自己？」如果覺察自己沒有這類的情況，那就比較理想。

三、掌握方法，從覺察呼吸開始

關於禪修方法的應用，基本上禪修用功就是在調身與調心；在調身與調心之間，有一個調息。呼吸在身與心兩者之間其實是分不開的，呼吸的粗或細正好說明了生理與心理是否已經調和？如果你的呼吸保持在自然的狀態，那表示你的身心在一般健康調和的情況；呼吸粗，則反映身心的不調和。如果呼吸出現氣喘的現象時，一般上是身體經過激烈的運動，或者是身體、心理受到壓力，也可能是身體健康出了問題。

當你發現呼吸比較粗的時候，如果不是健康出了問題，那就需要去調和它；也就是應用深呼吸的方法，慢慢地把氣吸進去，然後再慢慢地把它呼出來。幾次以後，氣喘的情況會緩和下來，心臟跳動的速度會減低，身體比較緊張的狀態也會緩和，甚至心理的壓力在某種程度上也會減輕。所以在開始用功的時候，可以先通過呼吸的調和，讓身體得到一種調和；身體安定下來之後，才進入更細的調心過程。

當身體調和了，要進入調心的過程時，便能夠覺察到身體一些比較微細的作用。但如果沒有先把呼吸調好，會發現工夫不容易用上去。比如你一開始用念佛的方法，念到相當專注的時候，覺察到呼吸的作用了，可是接下來卻不曉得該用什麼方法？如果用念佛的方法，它會被呼吸的念頭拉走；注意呼吸時，又會被念佛的念頭占去，這時候就可以應用數息的專注來調和自己的心。數息時，重點在於注意呼吸自然地運作。呼吸是下意識的作用，也即是說，不需要用任何意志和心理的作用去控制它。

有些人在數息的時候，常是先數了一之後，才把氣呼出來；接著數二，再把氣呼出來，這是在控制呼吸，不是在數呼吸。呼吸是很自然的，當你覺察到它出去了，才去數它。加上數的念頭，是為了要加強我們的專注力。如果一開始就用觀呼吸的方法，一般上比較不容易用得上。因為身體已經調和了，呼吸的作用比較細，但心還是處於比較粗的狀態，我們不容易覺察到呼吸，所以在觀呼吸的同時多加一個念頭——數的念頭，以數的念頭來配合呼吸，會比較容易把工夫用上去。

當數息數到某個階段，心稍微專注的時候，會發現到五根愈來愈敏銳，可以覺察到一個比呼吸更微細的作用——心跳，甚至可以覺察到血液通過血管的跳動。這些都是屬於身體的情況，不要去理它，還是繼續專注在數息的工夫上。

如果你在用功的過程中，發現胸口很緊悶，就要注意了，這表示你的呼吸在某種程度上已經被你控制了。你必須把呼吸調和過來，讓它回復自然的狀態，胸口的悶氣就會慢慢地散去。如果發現鼻梁很重、很悶，那表示你所專注的部位有了問題。你要專注的是呼吸進出的部位，也就是鼻端；你的注意力可能已經不在鼻端，而是在鼻梁了。你必須暫時把數息的工夫放下，全身放鬆，將注意力放在雙手兩個拇指交疊的那個點上，或者是把注意力放在臀部與坐墊交接的地方。

有些人雖然沒有上述的情況，可是在用功的過程中，偶爾會深呼吸，這也是在控制呼吸。因為你認為用功用得好，呼吸應該會比較微細，所以你就盡量讓自己的呼吸變細。但是，你的身體狀況還沒有調細，卻刻意讓自己的呼吸變細，這會導致身體所需要的氧氣不足；身體缺氧的話，生理的自然反應就是會深深地吸一大口氣。如果發現自己有類似的情況時，便需要做好幾次的深呼吸，然後再回到數息的工夫上。

因此，進入禪堂用功的時候，首先要注意自己的心態，把一切可能成為障礙的，尤其是心理的狀態都一一地放下，然後把方法掌握好，以很單純的心念，全心投入在調身、調息和調心的工夫上，讓自己的工夫愈來愈純熟、愈來愈深入。

守護根門

我講述過《小止觀》與《六妙門》（《小止觀講記》、《六妙門講記》已於法鼓文化出版），當時因為時空、環境不一樣，所以我只是根據它的內容，用現代人能了解的方式來說明，並未逐字加以解釋，而是把握一些重要的觀念之後，再加以分析。有一些內容比較理論性，也有一些是屬於思想方面的，可以暫時把它放在一邊，但書中附有原文，如果有興趣閱讀，可以做為參考，也許在觀想或者是思考上可以用得到。我當時沒有強調它，一方面固然是因為時間關係，另一方面是我比較著重在實踐的工夫。

在禪七用功時，很多方面談的都是以實踐為主，現在我們要加強的是修行的理論，比如怎樣把工夫用上、在用功時所應該掌握的觀念等。

一、染著是修行最大障礙

如果你曾經看過《小止觀》的原文，會發現我並沒有完全按照原文來說明，因為有些必須要從現在的環境來把握。比如以前的修行者可以到深山去，因此非常強調「閑居靜處」，認為那是最理想的。講到「衣食具足」時，則認為穿糞掃衣是最理想的；吃最簡單的食物，只要能夠維持色身就好了。智者大師認為這些都是修行最理想的條件。其實這些是屬於頭陀行，現代人當然不可能完全做到，如果你具備這樣的條件，能夠做得到的話，那當然很好。

但不是每一個人都具備這些條件，如果你認為修行的條件應該就是這些，也照著這麼做，最後最好的條件可能變成最大的障礙！我們都希望能夠得到最好的東西，也希望可以具備最好的條件。比如讀書，大家都希望能夠完成最高的教育。倘若你連小學的課程也無法完成，卻把你直接送進大學讀書，對你而言會是件很痛苦的事情。小學已經讀得苦兮兮了，你如何進中學？如何上大學？所以人要懂得衡量自己，看看自己是否具備這些修行的條件，也要明白智者大師列出這些修行條件的真正用意何在？他並不是要我們勉強跟隨這種生活，而忽略其精神內涵。

因此，要了解《小止觀》裡面所講的修行所應具備的條件，以及它的根本精神所在。它主要是要讓我們知道，修行最大的障礙就是一種染著，對世俗物欲的染著。心有了染著，修行會不容易提昇。修行就是要往上提昇、淨化，而欲望染著卻是把人往下拉的力量。如果對物欲的染著很深，不可能一下子把它完全地放下，必須先通過一些方法來減輕、疏通它，然後才逐步地清理它；直到欲望染著全然清除，就是修行最終的完成了。

要如何減輕對物欲的染著呢？由於人的眼、耳、鼻、舌、身五根，每天都會接觸到色、聲、香、味、觸五塵，這些五塵都可能引發內心的欲望。當接受五塵的訊息時，內心會有怎樣的反應呢？比如你很喜歡吃巧克力，每次看到巧克力就想盡辦法非吃它不可，這些都是欲望染著。當然，要減輕這些欲望染著並不是要你看到時不去吃它，而是當你看到它的當下，要提醒自己：「我的貪欲來了，是否可以吃少一些，或者只是嘗一嘗就夠了？」

當我們了解、看出自己的問題之後，要做適當的調整，不要讓欲望沒有限制地一直陷下去。甚至可以分析說：「我喜歡吃巧克力，是因為它很香、很甜。但是，它的味道真的這麼好嗎？」若再深一層去分析：「我吃的當下很過癮，可是吃過了之後，感官的作用也就失去了。五根所緣的作用只是當下的，我為什麼要為了這種短暫的享受，讓自己的心產生那麼深的染著呢？」我們可以用這種觀照的方法，來減輕自己對物欲的染著。

二、以智慧疏通對五欲的染著

在《小止觀》裡，有講到要「呵五欲」。五欲即是五塵，五種外在的因緣——色、聲、香、味、觸。我們稱它為五欲，是因為當五根接觸到它的時候，很容易引發內心的染著。我們平常的生活環境就是有太多的外緣，常常會觸動內心對它的攀附。比如你很喜歡吃巧克力，現在把你送到深山裡，開始的幾天，你一定很不自在，天天想著巧克力。想是意識的作用，它緣於過去你吃過那種好吃的滋味；可是你在想的時候，你的嘴巴會不會甜？不會的。你的舌根沒有接觸到巧克力，它的味道沒有刺激到舌根，你只是在意識裡想：「唔，這個好吃。」一想了幾天以後，你慢慢就會把注意力轉到別處去。人實際上是可以做到適應環境的。

所以在用功的時候，要盡量避免這一類不必要的外緣。如果這些外緣在某種程度上被隔絕，那麼它對我們的感官所產生的干擾就會自然地減少，煩惱也就不容易生起來了。即使生起來，它也沒有一種直接的外緣來引發我們內心的染著欲望，生活自然而然變得單純，能與修行相應。

在佛陀時代，有很多修行者是修苦行的——頭陀行。他們所採用的修行方法，就是把物質需求盡量減輕到最基本的需要，相當於生存本能的一種需要。他們的生活非常單純，不必為衣服操心，也不必為食物操心，可以把時間都用在修行上；甚至可以從早上一直用功到晚上，間中出靜找一些蔬菜、水果塞一塞肚子。口渴了，就喝溪水；衣服穿得破爛了，就到墳場找一些死人的衣服，洗一洗再穿上。這是印度當時的情況。不過我們要了解，要真正做到這種程度，實際上並不容易。苦行者也必須具備某些條件，否則這種情形就會變成一種極端。所以佛陀基本上不贊同苦行，佛法比較重視在疏通，即所謂的中道行。佛陀固然勸導人們不要攀染種種的欲望，但是他也不要人們走向另外一個極端。

倘若你還不能夠完全放下，而你又沒有適當地疏導的話，實際上你是在壓制自己的欲望。你用定力去壓制它，並沒有用智慧來清理它，或者以觀照的工夫將它疏通。一旦你壓制到自己的力量不足以對抗時，它會反彈回來，變成一種極端，所以苦行也是一種極端。一般上如果發現某一個人真的能夠做到苦行，會覺得這個人一定很了不起，因為要做到這點，基本上意志力要相當強。

但是，一個人的意志力是否能夠強到面對任何的壓制呢？也許開始的階段，可以用意志力去壓制內心的染著欲望，但是壓制並不表示它就不存在，被壓制著的欲望本身會凝聚成一股潛在的力量。到底要花多少力量去壓制它呢？那得不斷地增加力量去壓制它，可是能否維持長時間的力量呢？如果不能的話，一旦這個力量退減之後，所壓制的欲望的力量就會顯現了。因此，佛陀認為修定或者修苦行並不是究竟的，它會形成一種極端。我們一定要以智慧將這些欲望減輕、疏導，乃至最後把它斷除。

在天台止觀法門裡，智者大師將修行所應具備的各種條件列出來，這些條件基本上都是禪修者或者瑜伽行者認可的方式，我們現在所要掌握的是它的基本精神。我們明白，修行最大的障礙乃是對外緣的攀染，而這些條件主要就是在製造一種讓人能夠減少染著的環境。所以接觸五塵時，要守護根門。守護根門並不是說要你不去接觸五塵，而是在接觸的當下，內心要提起一種觀照的作用，看清楚五塵實際的情況；也要懂得去分析它，不要讓內心的欲望隨著五根接觸五塵而生起。

我們每天都會吃飯，比如今天煮了一道菜，這道菜是你喜歡吃的，但是你不要因為喜歡吃這道菜，當它出現在眼前時，你就多吃幾口，還是要依照你正常的食量、正常的需要去吸收它。如果是你不喜歡的東西呢？通常就有一種排斥。實際上排斥或者對一件事物產生憎恨心，也是源於愛染心，它是愛染心的一種反面作用。明白了之後，我們不排斥它，仍然照著所需要的情況去受用它；我們不受五欲的誘惑，但是可以適當地受用五欲。

三、以「減法」來平衡內心

如果你處在一個比較單純的環境，本身所具備的條件又能夠讓你在這個環境下安住，就表示你能夠依著這樣的環境來修行，這當然是很理想。但是，如果你發現自己還沒有完全具備這些條件，或者還不能夠在這樣的環境下用功，也不必太過於勉強，比如把你送到深山裡，你真的能夠因此安心用功嗎？到了那裡，也許你反而覺得空虛、寂寞，沒有帶幾本《機器貓小叮噹》漫畫，日子很難過；沒有卡通片，日子很難過；沒有人跟你聊天，日子更難過！到了那裡，連人的聲音也聽不到，偶爾看到一、兩個人也不講話，你住得下去嗎？

其實你可以試試看，有空不妨把自己鎖在一個房間，裡面不要有書，也不要有任何的東西，你就住在裡面兩、三天。假如你住得下去，表示你還耐得住寂寞，那麼你要到深山修行，應該也不成問題。假如你在房裡待了兩個小時就渾身不自在，沒有聽到人的聲音，沒有噪音來刺激耳根，靜到耳根都受不了了，那表示你還未具備這樣的修行條件。一般人平常習慣用噪音來干擾自己，才感覺自己存在著，現在一下子將外緣隔絕了，會覺得好像到了太空一樣。其實這種情形，表示你的心完全無法與環境相應，所以需要去調整、適應它。

我們要了解這些條件基本上都是好的，但是也要知道自己所具備的條件是否與它相應？比如參加禪七用功，有些人覺得很辛苦，因為七天不能講話，很苦惱。甚至有人趁封堂之前多講一些話，因為封堂之後就沒有機會講了。好不容易等到解七了，「哇！解放了」，又開始吱吱喳喳。我在出家之前就開始持素、持午，就有人這麼講：「你既然要出家，出家以後就完全吃素了，你應該趁未出家之前，多吃一些好吃的東西。」這種心理和在禪七封堂前想要多講一些話，是類似的心態。

比如你有很多好吃的東西還沒有嘗過，現在決定要出家了，就去嘗一嘗這些好吃的東西。嘗過之後，發現原來這些東西這麼好吃，還是不要出家好了！可不可能？可能的喔！而你來打禪七，趁在封堂之前多講一些話，我告訴你，封堂之後的那段時間一定很辛苦，你會被自己之前所製造的噪音干擾。一旦進入禪堂用功，就要開始設法去調和自己的心，讓它慢慢地安定，再進入專修的課程。可是你卻故意製造一些刺激，使你的五根更活躍，然後又想一下子把很活躍的生活調整過來，那是不太容易適應的，所以不要有這類的心態。

如果你只是一般性的用功，聽別人說禪修很好，所以才來打一個禪七應付應付，可能一次以後，你就覺得足夠了。如果你是抱著這樣的態度來的話，將不太容易了解和體會到五欲對人的拉力是何等地大；也不太容易覺察到內心在接觸五欲的當下，是多麼容易就攀附於它；甚至對於五欲為什麼會形成修行的障礙，也不是很清楚。

當你認為修行很重要時，一般上會很用心，而且很用功。在用功的過程中，你慢慢地會覺察到五欲為什麼會形成一種障礙、一股往下拉的力量，使你無法用功。如果你有這一層面的了解和體會，會想辦法製造一個比較理想的環境來幫助自己用功；你會開始調整日常生活，盡量讓自己的生活單純，包括心理的層面；而在生活周遭，經常都能夠提起觀照，守護根門。

假如你的環境在表面上看起來很符合修行的條件，但是實際上你的心並沒有一種覺照的工夫與它相應，這種環境只適合你一段時期，當你對它的新鮮感、好奇感消失了，它所產生的效果就會打回原形了。比如有些人的工作壓力太大，就經常上卡拉ＯＫ、夜總會，在那裡喝酒、唱歌、跳舞等；或者是工作太忙了，有時間就到一個比較幽靜的地方渡假，可是玩了幾天回來，身心更加疲累。這根本不是休閒，只不過是以另外一種生活方式去刺激每天因工作而麻木的感官反應而已。實際上你並沒有真正讓自己所遭受到的壓力得到一種疏通，充其量只是達到類似表面上平衡的作用而已。

通常一般人的生活平衡方式是不斷地「加」，當不平衡的現象出現，一邊太重、另一邊太輕時，就往輕的一邊加；加得過量了，這一邊又太重，又往輕的一邊加。如此不斷地加，導致最後兩邊都太重時，就無法承受了！

修學佛法，是以「減」的方式來達到平衡。一邊太重了，並不是往輕的一邊加，而是在重的這邊抽掉一些，直到慢慢平衡。當另一邊又太重了，再從那邊抽掉一點，讓它再次得到平衡。佛法所用的疏通方法是不斷地減，不需要在內心增加些什麼，而是要從內心抽拿一些不要的東西，包括貪、瞋、癡、慢、疑。

實際上《小止觀》裡所提到的修行應具備的條件，主要是要幫助我們疏通及減輕內心的染著；明白之後，就要把握環境所給予我們的條件。比如參加禪七用功，禪堂裡的生活已經盡量單純化了，有那麼好的環境條件，就要好好把握這樣的機緣，配合自己所具備的條件好好用功；不但要與環境相應，還要進一步提昇和淨化自己。

直心修行

前面已從一般學佛的觀念談到修行，也從一些法門裡了解到種種修行的方法，並不僅僅是我們所應用的方法，才叫作修行。學佛，實際上就是在修行。

一、淨化自心就是修行

一些不是真正通過佛理來學佛的人，他們也知道學佛就是要修行。不過，他們的修行也許只是拜拜佛，偶爾上上香或者念念經等，也就是一些比較形式上、屬於一般性的宗教儀式。有時候他們也會到寺院找法師聊聊天，認為這樣就有修行的味道了。當然，他們肯到寺院總比跑卡拉ＯＫ，或是去種種容易引發內心貪欲的場所來得好。

有些人則覺得需要多看一些佛書，認為多了解一些佛理就是一種修行。但也有人會說，知道太多的理論卻做不到，也是徒然。研究佛法有用嗎？當然有用！雖然不能夠全然做到，或多或少還是可以做到。當你在研究佛法時，實際上是在接受佛法的熏習。你會因為多看了一些佛書，在內心的感覺上、思想上會有所不同。能夠多吸收一些佛理，也就會有更深一層的了解。

你可能會有類似的經驗，比如當你心情很煩躁，或者有些事情放不下，抑或是受到一些困擾等，或許會拿起一本佛書來翻看。如果你能將注意力轉移到佛書上，在某種程度上，就能讓一些煩躁與困擾暫時拋開，甚至會感覺到自己疏通了眼前的困擾。也許你碰巧翻讀到一個關鍵性的部分，而讓你明瞭應該如何去解決所面對的問題；至少在心靈上，你已經找到安頓之處了。因此，研究佛理還是有用的，它能夠產生一種熏習、淨化的作用。

當你覺得有需要淨化自己的內心或提昇自己的修養時，不管你所依據的是一般的道德教育，抑或是某些宗教的教理，甚至只是通過人與人之間的一種互相對待，都會發現到自己待人處事的態度與方法有所改進；而在工作崗位上，也會把工作與任務做得更為圓滿。

比如一位老師，若想要把學生教好，很多時候是需要以身作則的。如果你喜歡抽菸，而想要讓學生知道抽菸是不好的，當然就沒有效果；反之，你自己並沒有這樣的壞習慣，當然學生就比較容易接受你所講的話了。假如你原本有一些壞習慣，但是為了學生著想、為了讓自己對他們更具說服力，便會下定決心把惡習改掉。這種自我要求，就是一種改進、一種熏習。

我們是否能夠經常自我要求、自我反省，乃至自我提昇、淨化？假如有的話，我們就是在修行了。其實宗教更加重視這種行為的改進及品格的提昇，並稱之為修行。但是不同的宗教，有不同的修行方法，比如一般的神教雖然沒有一種很明顯的修行方法，但是他們知道哪一些事情不應該做、哪一類的事情應該做。從佛法的修學中，我們發現它能夠很完整、很有系統地說明不同階段的修行與改進：要如何從不好改到好，或者從好做到更好，抑或從不圓滿達到圓滿。若每一個學佛者都懂得改善自己，便能夠從佛法得到受用，就已經是真正在修行了。

二、不以自己的程度衡量別人

有時候人會對自己的學生或孩子有一些要求，而這些要求多半是依據自己的程度或是成人的角度。學生、孩子當然不可能像成人有成熟的心智，是無法做到符合成人的要求的。同樣的，我們常常也會有類似的要求，看了一些佛書，覺得自己懂得很多了，就認為有些人的程度太差，只會到寺院拜拜佛、在農曆春節時才吃幾天的素而已。我們滿以為自己的程度很高了，看到這些人便很不以為然，甚至會說：「這哪裡像學佛？」可是我們不知道，當向別人提出要求時，我們自己有些行為也是不符合佛法的，一些修行層次比我們高的行者或許也會不屑我們的行為呢！

當我們以自己的程度去衡量別人時，實際上別人也會依他們的程度來衡量我們。因此，有一點很重要的是：我們要了解一個人真正的發心與用意，倘若他肯發增上生心，也即表示他肯向上、向善了，那他便已經開始在修行了。佛法有云：「一切微妙善語，皆是佛法。」即一切能夠讓我們向上、向善的語言文字及方法，都是佛法。

接觸佛法之後，我們會有怎樣的改進，也是依每個人的條件而有所不同。有些人一接觸佛法之後就很精進，有些人則不然，我自己也發現到這種情形。我未出家前，和幾位佛友同一時期接觸佛法，開始看佛書時，多少帶有一股好奇心；一看下去，才知道原來佛法的內容那麼豐富，佛法實在太妙了，就很自然且自動地找佛書看，從《佛學入門手冊》到《佛陀傳》。後來親近竺摩法師，讀到師父所講的《觀世音菩薩普門品講記》，看到那麼多感應的故事，看到觀世音菩薩是那麼地慈悲，心裡覺得非常歡喜；在讀《地藏菩薩本願經講記》時，發現地藏菩薩有那麼大的宏願，也很讚歎，從此就更加投入於佛法。可是有些人翻過《佛學入門手冊》之後，就覺得夠了。

每個人的因緣、條件都不一樣，因此接觸佛法之後，每個人的步伐也不盡相同，有些人會有興趣一直深入去了解它；也有人只是淺嘗，就覺得很滿足了。而有的人卻發現佛法有如此豐富的內涵，若不深入去了解它，真有入寶山而空手回的感慨，所以每一本佛書都盡量理解它。即使看不懂，也只不過是自己的善根、慧根不足，對佛法仍然生起嚮往的心理，想更深入地去了解它。

也有些人依佛法的體會與了解後，就能直接實踐在日常生活中，會經常檢討、反省自己的種種行為，是否與佛法相應？若有不相應之處，會設法改進，修行也是如此。有些人學會方法之後，很快地就把方法用上了；有些人則學了很久，仍然停留在某個階段。比如有些人數息時，真的沒有辦法把數字數好；而有些人一開始用功時，便能把工夫用上，但是到了某個階段就卡住了，無法再提昇。當然，也有人從最基本的方法開始用功，老老實實地把工夫用好，很自然地進入更深的層次；在每個階段，都很清楚地知道自己應該怎樣用功，甚至下一步該如何走也很明白。

因此，我們要了解在修行的過程中，每個人的路與步伐都不盡相同；而所能掌握的條件不同，在工夫的應用上當然也會不一樣。不要自以為進步了、比別人高出一等，就以自己的程度去衡量別人。如果這樣，不但會傷害別人，同時也會障礙自己，產生不平衡的心理，徒增煩惱。我想當老師的最了解，你對學生的要求，他未必能夠做到。所以，要先了解學生的素質和條件後，再依情況去幫助他，希望他能夠改進；至於他可以提昇到什麼程度，就得看他所具備的內在條件了。實際上他自己必須要有某種程度的自覺、反省，否則不管老師如何加強一些外在的條件，它所產生的效果也不會很大。

比如一個人的體質很弱，如果要使他身體健康，只要不斷地給他吃維他命或是常做運動就有用嗎？很多時候，別人是幫不上忙的，必須從他內在根本的問題去調理。以中醫學的角度來看，我們體內的器官並不是完好的，一些器官的毛病是比較關鍵性的，會影響身體其他部位的運作，所以要調理身體時，就必須從中去調理。又比如腸胃不好，即消化系統出毛病，會影響營養的吸收，身體的其他部位就得不到所需要的營養。因此，必須先調理腸胃，讓它能夠產生吸收營養的功效，否則再如何大補都是徒然。

人的心理狀況也是如此。有些人在某方面的煩惱比較重，可能形成修行的一種障礙，但它卻不是很明顯地讓人覺察到。一個人的貪念比較強，可以看得出，可以用不淨觀去對治它；瞋心比較強的人，也比較容易表現出來，可以用慈悲觀去對治它；癡心、無明煩惱比較重的人，則不容易覺察。癡心重並不是表示人不聰明，而是在吸收佛法或是智慧時，會感到有很多障礙。

一般上每個人都有某種程度吸收知識的能力，然而能否將這些知識轉化為一種智慧呢？同樣一個訊息、同樣一本佛書，有些人看了，馬上就得到受用，能夠把所理解的佛理轉化提昇為淨化內心的作用；當掌握了佛法的中心思想之後，任何一本書，都能夠看出它的智慧；甚至任何一個境界，也能從境界中轉化提昇為內在的智慧。而另一些人，雖然天天看佛書，卻也產生不了效果，這就是無明煩惱，是一種障礙。

三、以真誠心修學佛法

在學佛的過程裡，我們會思考一些人生問題。佛法在剖析人生問題時，並不是一個層次、一個層次地說明，而是提出各種不同的方法來教導不同層次的行者。不同層次的人，其生命價值與意義自然也不一樣。佛法就是從初學的階段開始，先從一般的體會去安頓自己，再進一步去探究。當能夠理解更深的道理就會發現到，其實生命的意義可以更深廣的！

如果你在學佛的每個階段，都能把一些心得寫下來，在過程中也不斷地要求自己常常閱讀一些比較思想性的佛書，更深入去思索，也許十年後，當你再翻看曾經寫下的心得，會覺得以前的自己好像很幼稚。其實在當時，你的確覺得應該是那樣的。畢竟我們在學習、成長的過程，每個階段的體會都不一樣。我們不斷地要求自己，所以不斷地改善、提昇和淨化。

我們必須接受一個事實：不管別人是依什麼方式來修學佛法，要明白他只是根據他當時所能掌握的條件，對他而言，也許那個方法是最好的。不要自以為程度很高，就以自己的程度去衡量別人。當然，我們可以幫助他，讓他知道不應只停留在某個階段，而是可以做得更好，能夠不斷地提昇、淨化。

我們也要發心，要求自己能夠不斷地改進，不只是停留在一種形式上的學習或表面上的工夫而已，而是必須真正深入內心去提昇、淨化。實際上修行最大的關鍵在於心，所以要盡量以最真誠的心——直心，來修學佛法。直心即是佛法如是告訴我們，我們也如是去實踐！

在修學的過程裡，我們要時刻反省自己，以最真誠、最單純的心去實踐佛法。很多時候，我們無法把工夫用好，這是因為內心存有太多的覆蓋！在初學的階段，我們可能會比較注重外在表面的工夫。佛法講得非常好，可是自己實在做不到，又不願意讓別人知道自己做不到，就設法掩蓋，讓別人以為自己做到了；或者自己還不能做得這麼好，卻要讓別人知道自己已經做得非常好，這就是問題所在了。

如果自己還不能做得那麼好，也很誠心地讓別人知道自己還沒有做得那麼好，可以安心接受這個事實，至少在心態上，已經清理了一些內心的覆蓋和不必要的障礙了。一個人只要能夠很坦誠地面對自己的問題，並做出適當的調整或清理，那麼問題就解決了。

直心是道場！我們真的需要以一片最真誠、單純的心來修學佛法，才可能從比較內在的層次去改進自己。因此，我們必須依一個比較專門的修行方法來達到提昇、淨化的作用。在用功的過程中，我們要深入內心去剖析它，真正地看出自己哪一類的煩惱比較重？哪一類的煩惱是關鍵性的？我們盡量不讓這些煩惱表現於外在的行為，但是也不需要去掩飾它；一旦接受了自己的煩惱，就可以設法改善它。當這個關鍵性的煩惱消除了，工夫就容易上路了。

即使我們所理解的佛法比別人深、進步比別人快，也不要以自己的程度去衡量別人。我們要幫助、鼓勵他，讓他去製造更多的善緣，並且幫助他找出問題所在，然後依他自己的條件去改進。同樣的，在修學的過程中，我們也是依自己的條件，不斷地深入內心去剖析它。我們以直心來看待自己，把一層一層的煩惱、污染清理掉，讓自己能夠循序漸進地達到提昇、淨化的作用，乃至於達到解脫。

熏習淨化

前面談到修行層次上的一些問題，也談到如果要時時提昇自我，必須要有一份誠心，深入自己的內心去剖析它。我們的心造作種種的行為而形成種種的業因，再招感種種的果報，所以心是一切活動，甚至是一切現象顯現的主體。因此，心是一個非常決定性的因素，修行一定得往內心去深入探究。

一、親近善法，向內熏修

雖然說修行並不是從外在的形式及因緣去做工夫，但是外在的因緣卻能夠產生一定的熏習和淨化的作用。比如我們不曉得要應用什麼方法來修行，就需要善知識在旁指導、幫助我們，也需要閱讀一些經典來吸收正確的思想觀念。這種種的法界等流顯現為一種外在的因緣，讓我們能夠依其而產生一種熏習和淨化內心的作用。在止觀法門的修學裡，我們也看到外在因緣、條件的重要性。一個幽靜的環境對修行有一定的幫助，持戒也能夠產生一定的效果。這些戒條並不只是告訴我們不應該做某些事情，而是要我們在不造惡的同時，積極地去行持一切善法。

世間一切的善行能夠淨化我們的身心，世間的惡法則會障礙我們的修行。從戒律的修學，我們能夠分辨善惡，從外在行為善惡的分辨到達內心的剖析。「心所法」分成「善心所法」及「惡心所法」，惡心所法即指煩惱；當我們的內心生起一個念頭時，就能夠分析它會衍生為怎樣的一種後果。如果一個行為的造作會傷害到別人的話，最後它必然也會傷害到自己，就形成一種障礙了。

在用功的過程中，當我們生起一些惡念時，從佛書的指導中了解它是一股阻礙、往下拉的力量，就設法去改進自己的行為，從行為的改進而產生一種熏習的作用。如果我們能夠常常行善，它就能夠和內心的善心所法相應，逐漸加強善心所法的力量；而一些惡法或者不好的行為，盡量不去做，甚至不讓惡念生起來，那麼惡心所法的作用就會慢慢地減弱。

在初學的階段，我們固然需要從外在的因緣或者一些助緣中，懂得去分辨、去分析，然後做出適當的抉擇及如法的行為，但在這個過程中，最重要的還是它對心的熏習與淨化的作用。心是一切造作的原動力。倘若我們的心淨化了，行為自然就會清淨。可是我們愈往內心去探索，愈會發現它捉摸不定。如果說心是我們自己的，它又好像不聽我們的使喚；如果說它不是我們的，卻又知道自己在想東西。所以心非常抽象，也最難捉摸。佛法就從不同的角度、從心的作用去剖析它，讓我們明瞭心的作用。我們在修學的過程中，是否有覺察到這種情況呢？

我們偶爾會發現自己的心力薄弱，那是因為我們捉摸不到自己的心；我們對心的作用、功能和性質沒有正確地了解，因此無法發揮它的功能和作用，所以我們的心沒有力量。在修學的過程中，這些情況都會出現。

如果我們只是在外在的形式下工夫，比如初一、十五吃一餐素；偶爾往寺院跑，找法師喝喝茶、聊聊天，這樣當然不會發覺自己的心沒有力量，因為它也是隨著外境轉。認為自己在某個程度上已符合了外在的形式，覺得自己已經是一個佛教徒了，這原是無可厚非的。但是如果已經學佛相當一段日子，仍然停留在很表面的層次，這在整個學習的過程來講，即使是世間學問，也不是很理想的。

二、藉事觀心，不斷自我提昇

在修學過程中，我們都希望自己能夠不斷地改進、不斷地增上。世間學問如此，學佛修行也不例外。我們都希望自己能夠把一些缺點、一些煩惱消除，即使無法完全除去，也要讓它逐漸地減輕。如果真的能夠讓佛法深入內心，它就能夠發揮淨化的作用，我們會逐漸感覺到內心的煩惱一層一層地脫落，也會有一種類似解脫自在的感覺。

我們每天都要面對生活上種種的問題，在面對的當下，我們依自己內心的境界去應對它，所做出的反應正好說明我們內心真正的境界。比如事情發生時，感到慌張失措，雖然學佛了，仍然不能夠真正運用佛法來分析，也無法觀照自己的內心：為什麼這個煩惱會生起來？那表示自己還做得不夠好，還不能用觀想的方法來化解煩惱。

我經常會提醒大家，修學佛法是一種解脫之學、解脫之道。學佛之後，心胸應該是愈來愈開闊。如果愈學愈苦惱，沒有學佛時還不覺得被綁住，學佛之後反而有更多束縛，那就得檢討到底是佛法出問題？抑或是自己的學習心態不正確？在修行的過程裡，我們不是用方法來綁住自己，而是要依這些方法來幫助自己開拓更寬廣的視野與胸襟。

佛陀在制戒時已經告訴我們，戒為別解脫戒，戒能夠讓我們得到解脫。我們認為法律約束我們，實際上法律讓我們得到更大的自由空間。法律是一種約束抑或是解脫之道，但看我們如何看待它？如果我們不犯法，法律對我們而言就不是一種約束。只要不闖紅燈、不超速，交通警察就不會管我們；若我們不但開快車，還到處闖紅燈，當然交通警察就會開罰單了。戒律也是一樣，表面上看似在約束我們，其實卻是讓我們得到更多、更大的自在。戒律防範我們造惡業，因為惡業會障礙我們修行；如果我們不造惡業，當然我們走下去的路就寬闊了。

修行的每個階段、每個法門，都是在幫助我們開拓更平坦、寬闊的道路。這條路我們不知道要走多久，也許三十年，也許五十年；甚至不只這一生，可能還要繼續走下去，當然希望自己的路能愈走愈平坦、開闊。即使我們不去想將來這麼遙遠的事，把重點放在現在，但我們是否能從佛法的熏習裡得到一種比較內在的受用呢？學佛之後，心胸是否放寬了？在面對種種問題時，是否能以更寬闊的胸襟去包容、以更理智的態度去應對，以及更有智慧去處理呢？

有時候面對問題時，我們的確不知道應該怎樣去處理？但是當靜下心來，仔細用佛法來分析，也許就能夠把原本壓抑在內心的那股壓力疏解開來。在分析的過程中，心裡可以想：事情已經發生，一定是因緣具足了，我們不可能逃避它，就面對它、接受它，然後慢慢地調整它。即使再大的事情，我們也有信心、有能力去處理。我們一生中面對最大的問題是什麼？就是死！如果連死也能夠看透、坦然面對，那還有什麼事情是看不透、放不下的呢？

雖然我們把重點放在內心的淨化，但是也要讓外在的儀式行為產生一種內熏的作用。比如做早課時，是否能夠讓自己的心安定下來，專注在課誦裡呢？大家一起拜懺時，是否能夠全然投入，讓自己的心與這個外在的儀式相應？我相信有很多人是排斥這些儀式的。他們也許會認為：「我這等人不需要拜懺。」如果這麼想的話，當然它就不會發揮效果了。也許有一個人在拜懺時感動到痛哭流涕，下定決心從此要改過自新；他的心念一轉，所受到的熏習就會變得強多了。這種種外在的形式有它一定的功能，但看我們以什麼心態去看待它？

同樣的，在守戒時，我們不要把戒律當作是一種條文、一種形式。其實戒律是要防範我們造惡，幫助我們解脫。如果認為戒律是一種約束，表示心裡還想做壞事。比如你若覺得交通規則是一種約束，就表示你還想闖紅燈。我們要訓練自己遇到紅燈時，不管有沒有人，也不管是深夜抑或清晨，很自然地遵守交通規則。我們有責任去遵守該有的紀律，讓它能夠順暢地進行，大家才能共處在一個更和諧的環境裡。如此，我們不但能減少很多的煩惱和障礙，同時也能幫助別人減少煩惱和障礙。

我們知道這些外在的形式能夠產生熏習的作用，但內心的淨化才是最重要的，所以我們一定要回到自己本身來。別人也許能夠在外在的行為上幫助我們，可是無法直接進入我們的內心提供幫助。即使佛陀有「他心通」，能夠知道我們起了惡念，他也沒有辦法把我們內心的惡法去除，能夠消除惡法的唯有我們自己。因此，我們一定要回歸到自己的內心去鍛鍊，讓心念能夠產生淨化的作用。

一旦我們返觀自己的內心，就會發現不容易，因為我們的心靜不下來，所以不能有效地分析它。一定要通過一些方法去鍛鍊我們的心，先讓它得到某種程度的專注與穩定，再進一步去剖析它，讓它能夠發揮功能，達到淨化的效果。

三、修定為了鍊心，鍊心為了修慧

我們可以通過禪定與智慧法門的修持，來鍛鍊我們的心。從文字或者是理論上的分析，我們先把心當作是一個精神的個體來看待，再從不同的角度及層次去剖析它。佛法談到心識的問題時，一定是以哲學或心理學的角度去剖析它。依哲學的角度看，修行必然是通往解脫道，修持一定是趨向出世間法門的。

當我們往內心觀照時，會發現心的作用的確是這樣。我們內心有種種的煩惱，一旦某個念頭生起來時，發現它的確是一股驅動的力量、一個煩惱。經典、論典能夠周詳且細膩地剖析有情心識的作用，乃是因為結經造論的祖師大德們是真正通過自己內修的工夫，把內心的種種情況一層一層地剖析；他們也可能是在修學過程中，從其他有情心識的活動及心理的狀態去了解、分析。

佛法談到修心時，會偏向於心識的一種分析，甚至偏向唯心觀，畢竟修行離不開調心、修心和鍛鍊心。明白修行的重點在於修心，我們就先從「有」的角度去分析它，把它當作一個整體來看待，然後再往深一層去分析、理解它，甚至看出它是本性空寂、因緣和合的一種作用。當然，這就牽涉到解脫道的修學了。

不過在修行的過程裡，我們仍然從「有」的角度出發。比如禪七開始用功時所用的數息法，我們要有一個能數的念頭，這個能數（觀）的心是心識作用裡的一部分，還要有一個所數的呼吸及用來數的數字，就構成一個方法了。我們在數呼吸時，是緣著呼吸進出的一種觸覺上，當覺察呼吸出去了，我們才數它。

當我們開始專注數息時，可能會發現能數的念頭散亂而沒有力量，很容易被其他的念頭拉走，這是因為我們的前五根習慣攀附於外在的五塵，然後把訊息傳入意識去，產生一種熏習的作用。這個進出的作用非常快速，比如把眼睛一張開，我們對於所看到的東西，當下就會做出一種反應。從心理學的角度來說，它已經過好幾層的作用了，可是我們卻感覺到非常快速，而且沒有間斷。

人的心識有一種持續的作用，在每個剎那的持續過程裡，它非常快速地產生內外來回的運作，這就會觸動了內心許許多多的心所法，有些心所法是比較強而明顯的。比如看到一杯水很想喝，可是又想到這杯水是不是別人的？在這個過程裡，可以覺察到想喝及不能喝兩個比較強而明顯的念頭，而這兩個念頭實際上是由許許多多小的念頭組成的。

我們前五根所緣的作用是當下的，當一個外塵與根相應時，在這個剎那，作用就生起來了。可是我們的意識作用可以緣過去、緣現在、緣未來，所以接觸了之後，意識就開始做思考、分析。比如有人罵你，你一直把它記在腦海裡。也許那已經是多年前的事了，時間已經流轉了，當時罵你的因緣也已經離散了，可是你還把它留在意識裡一直熏習，你就苦惱了。如果你經常喜歡攀附外塵，也很喜歡強烈的感官刺激，當然你的意識活動就愈趨強烈、粗糙。一旦靜下心來用功，你的意識層裡的作用卻還很活躍，使你無法專注，很快會被許多妄念拉走，不斷地緣過去、緣現在、緣未來。

當我們開始調心時，會發現原來心並不是一個作用而已，而是一組一組的作用。假如我們時常往外攀緣，讓心活躍慣了，便無法馬上把它拉回來，所以要鍛鍊它。我們用一個方法扣緊它，讓一些我們不要的活躍性作用慢慢地清理掉。因此，我們仍然把心當作是一個個體，先提起一個能觀的作用，提起一個比較粗的念頭，專注在一個固定的外塵上。比如我們用功時，當眼根隔絕了外在的色塵，耳根的作用就比較強，我們可以依耳根去專注外在的聲塵。

實際上我們可以依前五根來修行，因為前五根的作用包括在心識的作用裡，但是五根容易攀附於五塵而引發內心的種種煩惱、欲念。若依身根所觸的外塵來修行，我們可隨時隨地用功，專注在呼吸進出的觸覺上，慢慢地讓心穩定。開始時，也許妄念會比正念、專注的念頭多，我們覺察了，但是不去分辨它；分辨和思考，會觸動我們內心貪與瞋的煩惱。如果覺察不到它，則表示我們是處在愚癡、昏沉或是缺少警覺的狀態。我們必須不斷地讓念頭專注，不斷地清理一些妄念、雜念，也不斷地讓自己的心安住在更深細的狀態。

經過鍛鍊的心能夠發揮無限的力量與作用，但這也只是整個修行過程的一個部分而已，它不是修行最終的目標。我們只是依這個禪定法門，不斷地鍛鍊我們的心，讓其力量凝聚起來，再依它來起觀想，一層一層地把內心的煩惱斷除。只要最根本的貪、瞋、癡煩惱斷除了，一切問題就解決了。

用功歷程

我們在修學止觀法門時，有些方法比較實際，有些方法則比較理論性。一般上修止的方法都是比較實際的，我們可以應用它。

開始用功的方法都是比較粗和外在的，也有一定的步驟和指示讓我們去遵從。比如外在的環境，如果把你帶到山腳下、樹蔭下或是小溪旁，你很自然地就知道這些地方適合修行；反之，把你帶到鬧市，你也知道那不是一個理想的環境。這些都是很明顯、很外在的，我們能馬上覺察到。

還有調身時，如果姿勢調得不怎麼好，別人很容易看得出來，要幫助我們調身也比較容易，自己也會覺察到，這些都是較粗顯的。

一、初入門的方法——息門與色門

剛開始用功時，最常用的方法就是「數呼吸」。此外，也可以應用「繫緣止」的方法，即是專注於身體的某個部位，通常是身體的中央部位，我們就專注在那個點上。我們也可以依外在的色法來起觀調心，比如可以通過耳根來修行，有些人喜歡到山上聽松濤的自然聲音，或者到海邊聽海潮音，這是一種觀音法門。緬甸有些禪師則是依四大——地、水、火、風來做觀想。還有所謂的「遍處觀」，遍處即一切處；開始用功時，是依地、水、火、風做觀。因為四大是一切現象組成的元素，開始先從它的一部分觀，而到達最後遍一切處觀。

調息時，我們要把注意力放在呼吸進出的地方——鼻端。要能夠注意到呼吸，其實並不難，但是要專心數息就不太容易了；這牽涉到內心的一種專注，也即是調心的工夫。當我們以數字來配合呼吸的進出時，那已經是內在心識的作用了。比如看一樣東西時，我們用眼根去接觸它，是否能夠讓自己的眼識作用慢慢地集中，而不會被其他的念頭拉走呢？

雖然有時候我們不容易發現到呼吸，可是當我們稍微專注時，還是能夠覺察到的，尤其呼吸進出的節奏和速度，基本上不會有很大的變化。然而當我們往內心去觀照時，發現這顆心的變化實在太大了，它一直在上下起伏著，而念頭也不斷地湧現。心是最細也是最難調的，甚至是很抽象的。前面談到修心時即提到，我們要先把心當作是一個個體、是「有」的一種作用，才有辦法去觀想，也才有可能依一個方法來調整、鍛鍊它。

我們可依呼吸的方法來調心，從呼吸的調和達到心的調和、穩定與專一。除了息門外，我們也可依色門來做觀想，比如觀四大、觀音聲等，這些都是有一個實際外在的現象讓我們觀。色門裡還有一種假想觀，比如不淨觀。不淨觀主要是對治我們的貪欲，尤其是男女之間的色欲，一般上修出世間法的人或者出家人比較常用到這個方法。

行者一開始就觀一個對象，這個對象最好是他最心愛的人，觀想這個人的屍體擺在自己的面前，然後依一些方法來觀想屍體腐爛的過程。這種觀想法一共有九個步驟（即九想觀），屍體起初是青淤，也就是當血液不流通時，全副屍體會變成青色；接下來，內臟開始裂開，濃血流出來，屍體開始腐爛，內臟也溢了出來；然後蟲慢慢滋生了，臭味也傳出來。觀到最後，整具屍體只剩下一副白骨，這就是所謂的假想觀。我們現在比較少用這個方法，在泰國還有一些出家人在用。

其實不淨觀是一種對治法，當你修不淨觀，也許會對人感到很煩厭，甚至會討厭自己。有些人從外在的對象開始觀，到最後觀自己時，也看到自己的身體不斷地變化、腐爛，百蟲滋生。之後，他不會愛染某個人或某樣東西，乃至不會染著自己的身體。如果觀法成就了，你只要對一個對象起不淨觀，就可以看到一具屍體出現在你的眼前，然後種種不淨的變化就會一一顯現出來，甚至連自己也可以觀到只剩下一副白骨。這樣的話，你怎麼可能會去愛一個人呢？愛不下去了，因為看了都覺得害怕和煩厭。不淨觀是要對治我們對世間的種種愛染，尤其是最強烈的男女之間的愛欲，所以修不淨觀會厭離世間。連一個自己所深愛的人、連自己的身體都能夠放下了，世間還有什麼東西和染著是放不下的呢？

但是，這個方法若用得過分，會連自己的身體也不要，甚至自殺以求捨掉不淨的色身，所以不淨觀只是一種對治法。當不淨觀的效果產生時，這個方法就要轉換了，否則你看到每個人總是腫爛不淨的樣子，就無法生起智慧，依智慧而引發出離心，甚至會變成另一種不平衡的心態。通常當某種效果產生時，這個方法就要調整了。有些人觀到白骨時，仍然是不淨，從不淨再轉成淨觀；另外一個方法就是不淨觀修到某個階段時，轉化成慈悲觀。這些都是假想觀，都是依色門而入的。

在佛陀時代，最常用的是不淨觀和數息觀，行者可以通過這兩種方法而證得解脫。當然，這並不意味只有這兩種方法而已，有些人在逐漸提昇的過程裡，就曉得要不斷地調整、轉換方法，最終得到解脫。

數息觀最大的作用是要對治我們散亂的心。如果我們依比較散亂的心做觀想，當然不容易產生效果；一旦開始修行時，漸漸就會覺察到需要調整及鍛鍊自己的心。在平常的生活中，我們不斷地接受外來的訊息，也不斷地做出反應；在這個迅速的變化過程中，我們的心無法安定下來。雖然表面上看起來不是很明顯，也不是很清楚地覺察到自己的心很散亂，實際上我們的心並不如想像中那麼安定。如果你有機會返觀自己的內心，會發現妄念很多，這些妄念把你內心的力量都消耗了。

二、心繫方法——凝聚心的力量

我們的心基本上是一種能量，因為種種的妄念，這些內在的能量被消耗了。就好比我們把汽油撒在地上，東一點、西一滴的，如果將它點燃了，它燃燒的力量並不強；我們的心也是類似的情形。因此，我們應用修止觀或禪的方法，就是要把散亂的心凝聚起來，再依這股凝聚的心力做觀想，效果就比較容易發揮了。

我們在觀呼吸時，如果只是覺察呼吸的進出而已，會發現這個純粹覺察的力量不強，因為我們的心太散了。所以我們先提起一個比較大的念頭——數的念頭，數的作用是為了要凝聚及提高警覺心。不管用什麼方法，我們都要有警覺的作用，警覺即是一種觀。在數呼吸時，我們要警覺自己在數呼吸，所以在數呼吸的同時，我們也在觀呼吸。數的作用比較粗，我們比較容易覺察到它，再慢慢地從比較粗的現象調到更細的狀況。如果連粗的數十個呼吸也數不好的話，你用其他的方法也不好用的。

我們心的作用一般上比較細，它包括我們前五根的作用，前五根所依的五識比較粗，它一直對外攀緣、往外接受訊息。如果常常如此的話，我們很容易被這些粗的作用拉走，甚至連呼吸也難於覺察。我們的呼吸比較細，所以用功時要把心調到與呼吸相應後才開始數。

有些人的心非常粗，因為他的心習慣對外攀緣，所以連數息的方法也用不上。在一支香裡，他沒有辦法完整地數完十個數字，才數了兩、三個數字，心就被拉走了；不知道過了多久才警覺到，再回來重新數過；還沒有兩下，心又散掉了。這樣的話，他真的不容易用功，當他要思考佛法時，也不容易體會。佛法的思考，是愈來愈深、愈來愈細的。如果你的心總是停留在這麼粗的狀態，將無法進入更深邃的佛法內涵裡；你只能夠停留在粗顯的層次，不能夠真正深入內心去消除煩惱，當然更不能夠達到解脫自在了。

我們會覺得自己的心很粗，是因為生活上放逸慣了。生活對我們的影響非常深，當你的感官習慣了強烈的刺激，身心時常對外在五欲攀附時，要把它拉回來用功、讓它安定下來，是不容易做到的。如果你平常的生活都是比較單純，生活的節奏也很緩慢，而且經常看書思考，心總是處在微細、平和的狀態，當然你用功時就容易上路了。

有些人的心真的很粗，我們從他的言語舉止中就可以看得出來；但如果心細下來，返觀自己的行為舉止，就會有一種想遠離的感覺。當他要開始用功時，真的不容易；當然，如果說完全不可能，那就不符合佛法緣起的道理了。但是，他得下更大的工夫，而且要在生活上做相當大的調整。

有的人則比較特殊，他的心總是處在很細的狀態；雖然表面上不太能夠覺察，一旦你和他接觸多了，會感染到他內心的穩定、平和、歡喜與充實。我們認為有的人很有修養，其實是他的心很細，有一種攝受的力量，讓你覺得很想親近他，自然而然地受到他的感染。當然，當他用功修行時，很快就能夠把工夫用上，而且效果會比一般人來得好。

有些人學會禪修方法很久了，可是就是無法運用。除了內心的狀態之外，身體的狀況也是關鍵之一，心不能離開色身以外用功。因此，當要參加密集的修持課程時，真的需要有一個相當健康的身體來幫助修行。如果只禪坐片刻就覺得很累、睡意很濃，當然工夫就無法持續下去，這是身體粗的現象。由於身體的色法比較粗，所以健康狀況比較不好，一盤起腿來就痛了；腿一痛，心就粗了。在這種情況下，可以專心觀腿痛，看看它能夠痛到什麼程度？其實痛也是一種觸覺，可以觀痛一、痛二……，然後從十直接到痛十一、痛十二……，到最後痛一千！如果可以忍這麼久，也滿不錯的。

一般上我們能夠用功，和心的狀態有很密切的關係。我們在數息時，如果覺察到心比較粗的話，表示妄念也很多，那麼數的念頭、觀呼吸的念頭就很容易被拉走。假如念頭比較細，就能夠讓心調到更細的狀態。如果要讓心調到更細的狀態，就得先清理一些比較粗的妄念。開始的階段，要把自己用功的心調細，這時會覺察到比較粗的念頭在浮動著，其實這些粗的念頭一直存在著，並不是因為用功時才出現。我們平常沒有覺察到它，是因為我們的心比它更粗，當我們的心開始調細了，才會覺察到它；想要讓心進入更細的狀況，那就不要去理會這些念頭。

有些人覺察到自己的念頭很多時，就想把念頭趕走。這些都是比較表層、比較粗重的念頭，除非自己的心與它一樣粗，才可能趕走它，深細的心是趕不走粗的念頭的。其實也不需要趕走它，只要明覺它在浮動著，但是心還是專注在數息的工夫上，讓自己的心沉澱到更細、更穩的狀況中，這些念頭就會自動消失，因為它的存在已經沒有作用了。當心從細的狀態回到較粗的層面時，這些粗的念頭又再生起來了。念頭也是緣起和合的，它是一組一組地發生作用；如果我們的心粗，念頭自然也是粗的；當心調細了，那些粗的念頭還會有延續的力量，但是它漸漸地與我們的心不相應，最後就會消失。

我們要一直讓自己的心轉入更細、更穩的狀態，但是有些人的心稍微變細時，癡的作用就顯現了。他很容易掉入昏沉、昏昧的狀態，心的警覺就提不起來了。我們在用功的過程裡，會發生這種情形。如果昏沉是因為身體的狀態，比如太累了，或者平時有午睡的習慣，那就讓自己好好休息一下。如果一上座就覺得昏沉，那就集中精神好好昏沉一下，點了兩下頭再起來，精神就提起來了，你又可以提起覺照的力量繼續用功。

有的人一上座就昏沉，一支香過去了，昏沉情況還是無法克服，這已經不是生理的狀況了；這是心理的狀況，也即是說他的癡的煩惱作用比較強，所以容易陷入比較昏昧的狀態。在《六妙門》裡有提到，這是一種障。對於這種情況，可以用念佛的方法來對治它，或者經常拜佛、拜懺，慢慢地就能把昏沉的現象調轉過來。

三、觀想佛法——將佛法轉化為內在智慧

當我們用功數息，把心調到比較細的狀態時，妄念會一層一層地浮現，然後慢慢地消失。我們能夠清楚地知道每一次呼吸的進出，從一數到十，然後很自然地重新再數；一支香過去了，數息的念頭也沒有被其他的妄念拉走。外面發生什麼事情也由它去，知道了之後，還是專注在自己的工夫上，慢慢地心會愈轉愈細；心一調細，色身也會跟著調細，呼吸自然也會變細。這個時候，如果覺得數的念頭很粗、很累，就把它放下；假如數到一個階段，連數到什麼數字也忘了，心也不知道跑到哪裡去了，那並不表示已經把工夫用上了，而是有一個更粗的妄念把心拉走了。

當你把數字放下了，只是專注在呼吸的進出，它會慢慢地調到更細，呼吸會變得若隱若現。如果繼續集中精神專注，慢慢地你又能夠清楚地覺察到呼吸的進出，這表示心

又轉入更細、更穩的層次了。這時候可以把方法調整一下，改做一些觀想。觀想與理論有直接的關係，這就要看個人對佛法的理論所能夠掌握的程度了。

假如對佛法的理論沒有比較完整、全面的了解，或者還不知道自己要做什麼觀想，很容易捉到一個就想一個，這樣隨意觀想，當然它的效果就不大了。到了這個階段，很多人都不懂得怎樣用功，即使教導他做一些比較理論性的觀想也用不上去；尤其若是修行的理論基礎不太好，所懂得的佛法又不深，想來想去也無法再深入，就會一直在一個層面上兜圈子。因此，到了要做觀想的階段，對理論的掌握就成了一個相當決定性的因素。所以我們不要以為用功修行就可以了，很多時候，當要確定自己修行的方向與目標時，理論的重要性就顯現了。

如果我們平常有真正在佛法上下一些工夫，到了心比較穩定、專注的階段，就可以依自己所了解的理論系統，一步一步地觀下去。在觀想的過程中，我們慢慢會發現到這些理論、這個法界等流，即是淨化的法界，通過對語言文字的了解，它能夠產生熏習的作用。我們若是依一種定心去觀想，那麼它所產生的熏習就不再是外在的心理作用，而已經熏入我們很深細的定心去了。

倘若這個熏習的作用到達比較深細的層面，我們就能夠依佛法的觀想，把內心較深的一些障礙或者污染清除掉。一旦我們將內心最深細的層面都淨化了，那麼顯現於外的就是清淨的了。我們目前所能做到的都是一些比較外在層次的淨化，仍然無法深入到內心最深細的一層去淨化它，而這個最深細的層次也是最關鍵性的，比如生死問題。我們雖然清除了一些比較外在的煩惱與污染，但是內心最深沉的部分仍然沒有清理，我們仍然不斷地造業，在生死輪迴中打滾。

我們要確定自己修行的最終目標，就是要了脫生死。在修學的過程中，要不斷地讓自己的心往更深的層次深入，讓自己的心能夠時刻安住在更深、更細、更穩的狀態；在這個更深、更細、更穩的定心中，依理論來熏習它，從外在的熏習逐漸到內在深細的淨化，乃至到達最極深細的一層去淨化它。

因此，我們對佛法的掌握，是枝末的或是根本的、是淺的抑或深的，到了觀想的階段，它是一個非常關鍵性的要素。

由止入觀

一般上我們剛開始數息時，會發現有兩種心理的現象：掉舉和昏沉。掉舉即是妄念很多，念頭一直上下浮動，而且轉動快速；念頭一旦多了，我們就無法專注，也注意不到呼吸。其實這些都是很粗的念頭，如果我們的心比它稍微細一點，就能覺察到它，但是也很容易會被它拉走，因為粗的念頭力量比較強。我們開始用功時，常會碰到這種情形。

另外一個現象就是昏沉，當我們的心沉到某個階段時，它就缺少一種警覺的作用，有時甚至會掉入類似夢境（無記）的情況。

一、修止時的身心現象與對治

有時候，我們也會受到一些比較粗的外塵、生理現象及心理狀態的干擾。比如初學禪坐的人，會覺得腿痛、外在的聲音多、蚊子叮等情形。別人在外面講話，就胡思亂想：「他到底在講誰？」聽到狗吠聲，又想：「牠到底在吠什麼人？」蚊子叮了，趕牠也不對，不趕也不對，都可能形成一種干擾，這些都是比較粗顯的狀態。我們開始用功時，一定會先覺察到這些情形，但除非能把方法掌握得很穩、把心調到比較細了，才能夠把這些比較粗的干擾放下。

從開始數息到數字愈來愈清楚，呼吸會逐漸轉細，你的心也不會有那麼多的負擔和妄念。偶爾會有一、兩個妄念浮現，但是它很快就消失了，因為你的心比較專注了，妄念不會產生干擾。你就這樣一直讓自己的心往下沉。當你數得非常專注的時候，忽然「拍」一聲，你嚇了一跳，數字中斷了，煩躁的心也生起了，你心裡暗罵：「豈有此理！是哪個護七打的香板，把我的數字也打掉了？」一旦你動了這麼粗的念頭，接下來的工夫就用不上去了。但是一個工夫用得好的人，他的反應非常敏銳，一個突發的聲音出現時，他能快速地反應，也能夠馬上把心收回來，調整一下再繼續用功。

如果你的工夫用得比較好，但是在出靜時卻沒有把心安頓好，做運動時就在想：「剛才那支香坐得那麼好，接下來這支香應該坐得更好。」你這麼一想，你的念頭已變得很粗了。你急著要快點把工夫用得更好，所以做運動時就馬馬虎虎，然後一上座就盼望馬上坐到像剛才一樣好。你太緊張了，求好的心太切了，讓自己的心動得太粗了，當然你就無法坐得像剛才那麼好，甚至會愈坐愈煩躁。有的人工夫用得很細，狀態很穩定，所以一上座，很自然地把身體調一調，把心收回來，工夫馬上就用上去了，而且每一支香都能保持相當穩定的狀態。

一般上當我們用功時，即使工夫用得比較好，在開始的階段，我們還是稍微數息一陣子；當數字數得很清楚了，才把數的念頭放下，然後隨息。隨息即是盡量止在一個點上，也就是息門，我們就專注在呼吸進出的觸覺上。一些人在隨息時，是隨著呼吸進入腹部，再看著它出來，這也是一個方法。

當呼吸調細時，它是快抑或慢，也是因人而異。有些人的呼吸細而短；有些人的入息很長，出息也一樣長；也有一些人的情況是入息較長、出息短，或是入息短、出息較長。這些都是可能發生的情況，在「十六特勝」裡，就有談到依出入息的長短做為一種觀法。由於鼻息是相當細的，如果我們的心比較粗，就覺察不到它了。所以，我們就先用數的方法，也即是以一個比較粗的念頭來讓自己用功，讓心慢慢地專注、凝聚，然後才把注意力放在鼻端，去觀呼吸的進出。

其實觀呼吸的方法，與一般的氣功、甚至是密教有一些共同點。練氣功就是要把身體內部一些潛在的能力發揮出來，也即是現在所謂的特異功能；而我們在數息用功的過程中，身體內部的反應也可能會出現類似練氣功的情況。密教所謂的「輪」與氣功的「氣脈」有相似之處，都是要調身體，而佛教的數息觀卻是要調心。雖然我們不強調它，但是在用功的過程裡，身體內部的氣會很自然地被引發；一旦被引動了，如果你的身體很健康，它就很順暢地通過。

如果你的身體有一些潛伏性的毛病，或者某個部位曾經受過傷，當氣通過這個部位時，它可能會產生兩種情形：一種是你的身體會一直動，因為氣要通過那個部位；另一種情況是你那有毛病或受傷的部位會痛，甚至會痛到好像在扭絞一樣。這些情況會發生，是因身體靜下來時，得到充分的休息之後，身體內部起了一種自體治療的作用。所以工夫用得好的人，身體會比較健康；即使你沒有刻意去求，它也自然會產生這樣的效果。

佛教並不強調用功過程中所引發的氣，但也不排斥它，只是不理會它。如果它動得太多、太厲害了，就設法控制它；如果是痛的話，就讓它痛，直到它能夠產生治療的作用，痛就會慢慢地減輕了。有時候我們會坐到某個部位特別痛，那就得注意了，肌肉緊張、身體調得不好也會痛。如果那種痛是比較外在的，好像我們運動過後的痠痛，那是因為身體調得不好，只要稍微調一調，痠痛就會消失了；如果那個痛是在穴骨內，可能就是身體有一些潛伏性的毛病，你就讓它自我治療。如果都不是上述情形的話，你不要去引動它。雖然氣動過後身體會很舒服，但是這會形成一種慣性，每次你一上座，它就發動了，這樣你就會一直停留在比較粗的工夫上，無法調到更細的層次去。

此外，氣的引發與調心沒有直接的必然關係。氣功好的人，修養不一定好；氣功好只是生理的功能而已，與心靈修養沒有直接的連繫。

有些人在用功時會感覺氣不斷地往下沉，一直沉到會陰；當氣沉到這裡時，通常會出現兩種情形：一種情形是氣從會陰再順著背後往上，循著脊椎骨一直到達頭頂，然後再順著下至丹田去，也就是走完一個「周天」，氣功就練完了；另一種情形是丹田的氣被引動了，它可能就往下而集中在會陰，這樣的話比較容易引發性欲。所以一些密宗和道教的修行，到最後變成「房中術」。如果氣沉到會陰時，我們就要觀空，設法讓這些氣散掉，或者引導它隨著脊椎骨往上，這樣就不會出現問題了。

我們修學種種的法門，主要是為了得到智慧、了脫生死，而不是依禪定而想得到神通、特異功能等。身體調得好固然是修學佛法的一種功用，但是我們的重點要放在修心。至於氣是否愈來愈細、是否往下沉，或會產生怎樣的變化，我們一概不理，只是很專注地用功，讓心安止下來。當心進入更細的定境時，我們的色身也會跟著調細，直到與心相應。但是出靜後，心就回復平常比較粗的狀態，我們需要把體內所凝聚的細分也一起散去，否則身體將產生不調和的現象。

有些人的工夫用得好，雖然與我們一起生活，但是他的心總是安住在比較細的狀態。他的色身也會與他的心相應，所以他的身體會調得比一般人柔和，皮膚也有一種光澤。我們從經典或是一些圖像的描繪中知道，開悟的行者好像都會發光，甚至佛陀也有金光色的身體，這些都是生理的情況。

當心轉細以後，色身也會相應地調和、轉細；但是身體調得好，並不表示心就一定調得好。我們注重的是調心，因此在調心的過程裡，對於所發生的一些生理狀況，我們知道了就要把它捨去；來了就讓它來，但不理它，也不執著它；去了就讓它去，它就不會對我們產生干擾或者障礙了。

二、現觀與佛法的觀想

在調心的過程裡，最不容易掌握的就是「止」了。止在一個點上，相當的抽象，這一點在哪裡呢？我們習慣於攀緣，這個點讓我們捉不到，主要也是因為工夫不穩，所以不太能夠掌握到。如果心很容易又回到數息、隨息，甚至很容易被妄念拉走，那也沒有關係，不要心急，就重新開始數息、隨息，直到心能夠穩定下來。至於心會細到什麼狀態，不要理它，繼續讓心安住在更細的狀態，那時候你會感覺到有一個很微細的念頭停在那裡，這就是止了。你繼續讓這個狀態穩定下去，它會慢慢地轉入更深、更細的層次；在心轉入更細的過程裡，你會發現念頭隱約地浮現著，這時如果你要做觀想的話，就可以依佛法的一些理論來觀想。

我們也可以用一種所謂「現觀」的方法，就是直接依當下的情況去觀。在當下那個情況，只是觀到念頭而已；念頭會不斷地浮現，不要理它，也不要受它干擾，只是繼續讓心安住在更深細的狀態。當心轉得更細時，這些念頭會消失，你又看到另外一組念頭慢慢浮現。開始時，你只是隱隱約約地覺察到它的存在，接著慢慢地看到了，然後愈來愈清晰。這表示說你的心又再往下沉，它所安住的層次與這些微細念頭的層次相同。

如果我們讓自己的心再往更深一層安住時，會感覺到這些念頭慢慢轉粗，變成一種累贅，那就把它放下；在放下這些念頭的當下，會發覺另外一組念頭又開始浮現，那已經是更細的層次了。開始時，心比念頭稍微粗一些，可能並不是很清楚地覺察到它；如果能讓自己的心繼續安住、繼續往下沉，那些念頭又會從隱約浮現到清楚看到，然後再慢慢地轉粗而後消失。

我們就是這樣讓心一直滑進去，那時候只是隱約感覺到一個非常微細的念頭，我們清楚地看著它，但是不受它干擾——念頭來了就去，來了就去，心仍然如如不動。此刻，倘若一個關鍵性的機緣出現，可能就開悟了。

如果能夠常常訓練自己的心，讓它安住在很深邃的狀態裡，時時刻刻皆保持一顆明覺的心，對於周遭一切事物的發生和經過，心裡就能非常清楚、明白。心裡動了什麼念頭，善念、惡念，當然也都騙不了自己，這就到達直心的境界了。這種現觀的方法類似禪宗的默照禪，即是不斷地讓心安住在更深細的層次裡，也因此而能觀到一切皆是妄念和煩惱。人的內心一些很微細的煩惱或者污染，必須在心沉至相當深邃的層次，方能覺察到它的作用；覺察到之後，就可以做出適當的調整，或者讓它慢慢地消除。

實際上現觀的方法不容易用，因為沒有一個真正的點。我們經常會被念頭拉走，所以它會上上下下的，甚至無法分辨自己的心到底細到什麼程度？另外一個方法是當心安住下來後，可以起觀想，從十二因緣或者無常起觀想。做觀想就必須對佛法的理論有一定程度的了解，比如無常，怎樣去觀無常呢？我們從呼吸的進出就可以觀到無常，因為呼吸的進出就是一種生滅的現象；腹部的膨脹與收縮也是一種生滅，走路也是生滅的現象。因為生滅，所以是無常的。我們甚至可以觀到世間一切現象，都只是生滅而已。從比較粗顯的生滅觀到微細的生滅，從一期生命的生滅觀到每個剎那的生滅，智慧就會慢慢地顯發了。

我們也可以從十二因緣觀起，從老死起觀，因為老死才觀到生，從生才觀到有，從有觀到取，一直往上追溯，到最後觀到根本的煩惱、輪迴的原動力——無明。當我們要起觀想時，理論的掌握就決定我們所觀的內容。如果經常思考佛法，對緣起的思想了解得非常透徹的話，從任何一個地方起觀都沒有關係。理論基礎愈穩，對佛法的掌握愈清楚，觀想的效果就愈好。如果能先揀定一個內容來觀，那是最理想的；有了一個固定的內容，就有一個次序，可以循次漸進地觀下去，效果會比一般隨意做觀來得好。

三、參話頭與默照

我們有時也可以用禪宗參話頭的方法，自己提起一個問題，比如問「我是誰」、問「父母未生前的本來面目是什麼」等。這樣的問題，根本無法回答，所以話頭一開始就產生一種疑情。疑情在醞釀的過程裡，會形成一股很大的力量、一個很大的疑團，把我們整個人包圍住，好像處在一片黑暗中，那就是所謂的「黑漆桶」。那時我們無法照顧自己，分別作用已全然失去，那是「看山不是山，看水不是水」的境界，需要真正懂得這個方法的人，或者有這種經驗的人在旁照顧我們，直到我們把疑團打破。這種方法，需要有非常猛烈的工夫、很強的力量方能用得上。

剛才提到讓自己的心慢慢地往下沉，在這個過程裡，很重要的一點是，你要清楚地看著念頭；在看到的當下，又不被念頭拉走。有時候我們沒有被念頭拉走，是因為處於迷糊的狀態，不知道念頭是什麼；另外一種情形是清楚知道念頭是什麼，卻很容易又被它拉走。我們一般上的心態就是這樣，所以在用功時，要有默的作用，同時也要有照的作用；默的作用是不動，照的作用是清楚明白。禪宗有句話：「我有明珠一顆。」我們把心比喻成一顆明珠，明珠可以反映外在的物件，佛來佛現、魔來魔現；但是不管現什麼，它只是反映外在物件的影子，明珠本身是如如不動的。

我們的心要像一顆明珠，清清楚楚、明明白白地看到念頭的起伏，但是我們的心如如不動。我們必須要有很深細的心念及非常穩定的工夫，方能把這個默照的方法用上，否則容易掉入無記。因此，用功時不妨用笨一點的工夫，不要取巧，也不要太急躁。我們寧可多花一點時間，按部就班地從數息一步一步數到隨息，再從隨息到達止，讓禪修工夫非常紮實。

一般上我們從止就要轉入不同的方法，別人當然可以提供一些方法給我們，但主要還是看自己之前做好的準備工夫，或者心的穩定狀況而定。如果自己的理論基礎很好，就可以依一個適當的內容做觀想；開始觀想時，看似有兩個作用，一個是能觀的作用，一個是所觀的理論。在觀想的過程裡，漸漸地把所觀的理論和能觀的作用統一起來，到了觀想成就時，所觀的理論不再是所觀的理論，它已經轉化為我們內心的思想，融入為我們生命的智慧了。那時我們所看到的一切，當下就知道它是緣起的，不需要提起一個觀念說：「哦，這個是緣起的。」提起來，表示它仍然是一個外在的理論、一個所觀的作用。在觀想的過程中，我們不斷地讓能觀與所觀的距離愈來愈接近，直到能觀與所觀統一了，般若智慧就顯發了。

全力以赴

在禪七中上課的這段時間是最好睡的，有些人聽開示時就睡著了。一些人心裡想：「我已經打過幾次禪七了，師父講上一句，我已經知道他下一句要講什麼了。」所以就放心大睡，多睡一小時，待會兒打坐精神會好一點，還滿划算的。如果你一開始也這麼想，當然很容易就睡著了。

一個禪七裡，要聽許多堂課，有些人對師父所講的內容可能沒有什麼新鮮感，所以聽著聽著就睡著了。有的人則會想：「我大概知道師父要講什麼，不但知道，而且還在做了。」於是會有一種厭倦的感覺，對那些東西已經沒有新鮮感、沒有好奇心，興趣當然也就提不起來了。

一、每天都是全新的一天

我們在用功時，為什麼不能把工夫用上去呢？因為當我們坐了一支好香，就期望下一支香坐得更好；如果我們真正了解佛法無常的道理，就不會這樣。我們無論做什麼事，都喜歡緣過去，拿過去和現在做比較。比如工夫不能用上時，你一直告訴自己：「唉，不行啦！」假如這支香坐不好，下一支香你會想：「剛才那支香坐得那麼差，現在這支香大概也坐不好了。」你就先判自己「死刑」了；反之，如果這支香坐得很好，你又想：「剛才那支香坐得很好，現在應該也會坐得好。」你忘記剛才坐得好是剛才的事情，你還在回憶過去，過去已經過去了，它是不會再重複的。即使剛才數得很清楚，現在數得不理想，也已經是兩回事了。

我們做一件事情，總是以為這件事已經做過了，或者這句話已經聽過了。這樣想，實際上是不了解無常的道理，而已經確定一種常的作用：「這件事我常常做，這件事我重複在做。」因為常常做、重複做，所以感官的反應就變遲鈍了，也把自己本來充滿著的活力扼殺了。

比如有些老師每天早上起來，一想到要去教書：「唉！又要去見那一群小瓜。」你這麼一想就覺得累了，你的活力也不見了。學生頑皮不聽話，你說：「他就是這麼壞，沒有辦法改的了。」你認為他無可救藥，就判他「死刑」了。當工夫用不上去時，你想：「都坐了這麼多天，每天重複做同樣的事，我都做不來。」你已經先打擊自己了。如果我們每天早上起來都讓自己的感覺遲鈍下來，會覺得日子很難過，每次一上座就想到：「唉！又是要數息。」你就沒有什麼新鮮的感覺、沒有活力，你也會很累，甚至提不起力量。

可是我們看那些禪師們，他們真的非常活潑，而且每天都過得很快樂、很歡喜，因為他們覺得每天都是全新的一天，日日是好日。每天起來都是全新的一天，這一天還是空白的，要塗上什麼色彩都可以，人的整個活力就展現了。如果你早上起來想：「我今天要做得更好。」你的活力就生起來了。如果你真正明白無常的道理，就會以全新的態度去處理每天的生活，因為每天都是一個新的開始，沒有兩天是重複的；這個星期和上個星期已經是兩回事了，甚至沒有兩秒鐘是一樣的，一切都是剎那變化、剎那生滅的。

我們一直認為自己是在做同樣的事情，然而我們什麼時候做過同樣的事情呢？沒有，我們從來沒有做過同樣的事情。每個剎那都是不一樣的因緣組合，雖然這個因緣有延續的作用，可是它剎那在變化著，不可能完全相同。我們看到任何一樣東西，第一眼看它是新的東西，看第二眼時，它已經變了；因為時間已經流轉了，我們看第二眼時已經是下一個剎那了。從現象上看，下一個剎那的因緣組合已經發生變化；而我們的心念，在兩個剎那中也已經不盡相同了。我們是否有體會到這個層面呢？沒有，我們認為那是同樣的東西，也以為自己是以同樣的心情去看待它。

比如當你偶爾發脾氣時，別人勸你不要發脾氣，你說：「我本來就喜歡發脾氣的。」如果你本來就喜歡發脾氣的話，即表示說你每一剎那都要發脾氣，沒有這麼一回事啊！倘若別人沒有講一些話刺激你，你不會發脾氣，你會發脾氣也是因緣和合的。你或許會說：「我的瞋心很重。」如果我讓你得到一切好的東西，你的瞋心就不會生起來了；即使是瞋恨心，也要有它的因緣才會顯發出來。

因此，每一件事情的發生都有它的因緣，而這些因緣皆在剎那變化著，從來沒有兩個剎那是完全相同的，我們也從來沒有做過兩件相同的事情。即使是數息，也沒有相同過；從一數到十，再從一到十，也已經是兩回事了。

二、不緣過去、現在與未來

人往往不能夠了解無常的道理，每次一講到無常，總以為無常是不好的，都希望恆常不變，認為不變就是好。實際上如果一件東西真的不變，你可能會覺得很煩膩；一件東西要常常改變，心也常常改變，人才會有活力！流動的水才有活力，停滯不動的水，久了會發臭的。如果你覺得自己沒有什麼變化，那很危險啊！你要發臭了。世間是無常的，人的身心也是無常的，可是卻要求它不變；一旦停留不變的話，它就沒有活力、沒有好奇心，也沒有新鮮感了。

我們常常說：「要活在當下。」有些人則會說：「我們要檢討過去，把握現在，展望未來。」檢討過去時，雖然會回憶過去有什麼光榮或倒楣的事情，可是我們不會再重複這些事情。有時我們覺得自己不斷地重複同樣的錯誤，但所謂的「重複」並不會完全相同，我們不可能重複同樣的事情。

因為無常，所以每個剎那的因緣，都有它當下那個剎那應該具足的；那個剎那的因緣具足了，它的現象就顯現了。如果我們明白了，每個剎那出現時，我們接受它，因為它當下的因緣已經具足了。至於下一個剎那會產生怎樣的變化，實際上我們不知道，但是我們意識的作用會緣過去、緣現在、緣未來，所以我們的意識會把未來也猜想下去。比如你現在聽到聲音，你的耳根接受這個訊息之後，就和以往的經驗溝通，你便知道它的意思了，這個過程非常快速也很複雜。我們不但會緣過去，甚至會緣未來，比如有些人，當師父在講上一句時，他已經知道下一句要講什麼了，這就是緣過去、緣未來了。

我們在修行時，要讓感官、甚至是心的作用有一種警覺和敏銳，就要訓練自己在當下那個剎那、那個聲音或者外塵出現時，只接受當下那個訊息，而不要緣過去的經驗就先給它下一個定義，也就是還回它原本的意思。可是我們的習慣就是不斷地緣過去、緣未來，所以相同的一句話講出來，會因為每個人不同的過去、不同的經驗、不同的思考方式，而有不同的反應。有的人聽了可能會說：「這句話是在稱讚我。」另一個人聽了卻認為：「他是諷刺我。」第三個人的反應則可能是：「他怎麼可以這樣講我呢？」

有時候我們開了一個玩笑，大家都在笑的時候，就有那麼一、兩個人瞪著你，你不明白什麼地方得罪了他，可能有句話恰好刺痛他內心蘊藏了很久的創傷。因此，我們有時會不小心得罪一些人，那是因為他們把太多的過去都保留著。

我們的心裡揹著太多的負擔，所以無法做到保持每個剎那的新鮮感。比如每次打禪七，都要聽好多堂課，如果你都是抱著第一次的心情聽課，會發現每次的內容都不一樣。所以當你用功時，你認為每一支香都是一個新的開始，甚至每一個數字都是全新的，數息時你就可以全心全力地去數。你會覺得自己是以一種全力以赴的心情及非常有活力的方法去用功，每一段數過後再重新開始數。中國有一句成語：「獅子搏兔，亦用全力。」是說獅子搏鬥時，不管對手是誰，牠每一次都是全心全力地去搏鬥；即使對手是一隻小兔子，牠仍然是盡全力。我們在用功時，是否抱著這種全然投入的態度呢？如果我們是抱著這種新鮮、充滿活力的心情去用功，在每一個當下都能夠把工夫扣得緊緊的，那每一支香我們都能夠盡全力把它坐好。

古代的禪師們能夠全心投入在工夫上，每天早上起來，他們都懷著非常感恩、慶幸的心情去看待這全新的一天，這嶄新的一天可以任由他們去發揮。在他們的觀念裡，把每一天都當作是最後一天。所以，有些禪師會寫一個「死」字放在床前，警惕自己每一天都可能是最後一天，得充分把握它、充分發揮它。即使一躺下去就走了，也會走得很心安、很歡喜，因為一切任務已經完成了，該處理的事也已經處理妥當了，所以了無牽掛，非常灑脫自在地就走了。

三、把握每一個當下

有的人不能全心投入在工夫上，很多時候是因為有太多的罣礙，一直擔憂著許多事情，擔憂著過去、現在、未來。聽課時，你心想：「我先睡一下，等一下才不會太累」；出坡時，你又怕時間不夠，沒有時間睡覺，等一下上座會昏沉，就匆匆忙忙地把工作做完，睡覺去；躺下去之後，又怕敲鐘時沒聽到。你的心就這麼一直牽掛著，所以無法全力以赴地把當下應該做的事情做好。

我在前面提過，數息的時候只管數息，腿痛是另外一回事；腿痛與數息扯不上關係，別讓腿痛干擾你的數息。如果你腿痛無法數息，就全心地觀腿痛，看它能夠痛到什麼程度？可是你又不能夠做到只管腿痛。有時候把工夫用上去了，坐在你旁邊的人突然發出一個聲音，你在心裡罵他，又把他掛在心上了，當然就無法用功。如果心裡一直牽掛著過去和未來，把種種的牽掛都推到現在，當然就很辛苦了，工夫也不可能用好。

如果能夠理解無常，知道每一段時間的因緣都是那一段時間的因緣具足而顯現的，就應該把握當下那個因緣。在當下那個時刻，應該做什麼事情，就全心全力地把那件事情做好，不用擔心下一刻會發生什麼事情，也不要把心投射到未來；即使那件事情表面上看起來好像在重複著，也都將它當作是全新的，以全部的精神和力量把它做好。

所以數息的時候，只管數息；觀腿痛時，只管腿痛；吃飯時，只管吃飯；打掃時，只管打掃；聽課時，只管聽課；甚至睡覺時，也只管睡覺。把一切緣過去、緣未來的種種罣礙都抛開，至少在禪七這段時間，不要被這種種罣礙干擾。把心裡的包袱暫時掛在禪堂外，等解七時才把它帶回去；如果能從此就放著不帶回去，那是最好的。

如果對無常的觀念有深一層的了解，就會明白我們當下所處的這段時間，才是我們真正活著的時刻，所以應該好好地把握每一個當下，全心投入去用功。現在這支香要全力以赴地把它坐好，剛才那支香好或不好都已經過去了；下一支香會是怎樣的光景，那是下一支香的事情。

如果我們能夠活在當下，就能夠充分地把握它、充分地發揮它；甚至在處理每天的生活，都能夠把每一段時間應該做的事情做好，那麼生命就會充滿活力和熱忱，而日子就有如禪師所云的「日日是好日」了！

深信因果

當我們在修行用功時，要把握無常的觀念，依無常的觀念來用功。有機會參加禪七，能夠進到禪堂，表示自己已經具備了某些條件；也可能已經消除了一些障礙，包括身心或是一些外在的障礙。

從個人而言，想進禪堂用功，自己本身就要不斷地製造這個因緣。比如希望能夠參加禪七的話，事前就需要做一些準備的工夫；如今這些因緣都具備了，真的來打七了，就看到這個成果的顯現。

一、接受當下的事實

在學佛修行的過程中，要掌握一個很重要的觀念——相信因果。我們都以為自己很相信因果，實際上很多時候並不是這樣。什麼時候我們會不相信因果呢？假如發現因果不站在自己這邊時，我們就不願意相信因果。也即是說，當我們認為事情應該這樣發生的，可是因果卻不依照我們的意願，它不顯現我們認為對的現象出來，我們就不相信它了。

有的人可能會說：「我在家裡打坐一個小時，腿也不會痛，怎麼在這裡才坐了半小時，腿就痛了？」這就表示你不相信因果了。你認為不應該這樣，因果怎麼不站在自己這邊呢？我們是否有更進一步去了解，為什麼我們在禪堂坐半小時、甚至十五分鐘，腿就痛了呢？

人們經常都不肯接受事實，認為自己應該做得很好，可是卻不知道自己是否真的具備了這些條件？其實有時候用不上工夫，應該接受這個事實，這就是因果。在當下所顯現的就是一種果報。你也許會說：「為什麼剛才那支香我可以坐得很好，現在這支香卻坐不好？」這就是因果！剛才好的條件具足了，恰好那個時候你可以集中精神，環境可能也比較好，所以那支香你坐得比較好。接下來的一支香，好的條件用完了；又或者你在這一支香動了一些比較粗的念頭，把原本應該朝向更佳狀況發展的趨向往另一邊推去，能怪誰呢？怪自己也來不及了。

在任何時刻，你具備了怎樣的條件，你的工夫就是怎樣，要接受這個事實；一旦接受它，才能夠做出適當的調整，設法讓自己坐得更好、更穩。倘若你在那裡埋怨、不甘願和排斥，也即是說你動了瞋心，心念就更加粗了，當然工夫也無法用上去了。

有些人坐得稍微好一點，引磬「叮」一聲，心裡就動了一個念頭：「該不該出靜呢？」不出靜又擔心自己的腿挨不下去，心中便開始盤算：「如果大家快點做運動，再出去跑一趟五分鐘，加上一支香大概是三十分鐘，應該還撐得住。」偏偏護七卻在那裡慢條斯理地做運動，心中就著急起來：「如果他們又出去兜一兜十分鐘，再加上一支香的時間，這下子我怎麼挨得住呢？」你盡在那裡盤想、掙扎著，怎麼可能專心用功呢？

這裡要做個提醒，當你聽到引磬響的聲音，如果你會考慮要不要出靜的話，你就應該出靜了。你會猶豫要不要出靜，表示你沒有信心，也許腿功也不怎麼好，那就索性出靜，稍微做一些運動。如果出靜後，發現自己的心還不是很散，那你可以稍微鬆一鬆，再繼續用功。

如果引磬響了，不要動「要不要出靜」的念頭；你知道引磬響了，但不去理會它，把心收回來，再繼續用功。你也不要理會運動做了多久，更不要去等待引磬響，否則你會發現，你愈去等待引磬響，它愈是不那麼快響。有的人懷疑：「是不是那個護七在開玩笑，知道我腿痛了，故意把時間拖久一點？」嘿！有時是真的哦！你愈是坐立不安，引磬愈是不響。

有時聽到師父好像在拿引磬了，心裡就想：「這下可好了，可以過關了。」哪裡知道師父只是拿引磬而已，就是不敲！如果你在等著引磬響，那就慘了！你會愈等愈不耐煩，腿就愈痛，也就愈苦惱。所以即使你腿痛，也不要等引磬響；腿痛就數它嘛！

痛一、痛二、痛三，數到十再回來：痛一、痛二……，你就專注在你的腿痛上。突然「叮」的一聲，怎麼這麼快，你會感覺有一點成就感，自己還是可以撐得住。如果你數了很久，引磬才響，雖然辛苦了一點，但總算完成這支香。這樣的話，每一支香你都有信心可以完成了。

當我們坐得稍微好一點，就會有一點得意了：「哇！我從來沒有坐過這麼好的香，那個時刻是多麼地寧靜呀！」我們就自以為很了不起了。實際上你能夠坐到一支好香，是你具備了那支好香的條件。當你在得意忘形的時候，其實你的念頭已經開始在轉粗，無形中也為自己加上了一些不必要的壓力。你會想：「我下一支香要坐得更好。」或者「希望下一支香也能夠坐得這麼好。」

下一支香會是怎樣的情況，我們不知道。你如果相信因果，就掌握你當下能夠掌握的條件；從開始數息一直到愈來愈專注時，可能那一刻的雜念又少了一些，慢慢地你的工夫就用上去了。到底用了多少時間才把工夫用上去，你是不知道的；在用功的過程，你只是很專心地用功，然後慢慢地進入一個比較好的狀況，坐得很舒服。「叮！」引磬響了，出靜了。

出靜後，如果你回想剛才那支香坐得有多好，那已經是一個很粗的妄念了。當第二支香開始時，你就期盼好香再次出現；你的期盼、你的有所求則是一個更大的雜念，它會形成一股障礙，障住你原本應該趨向的狀況。有的人經歷過幾次比較好的狀況後，他大概知道什麼時候會滑進去，所以每次差不多到那個狀況時，他就開始動念：「來了，來了。」這麼一動念的當下，心又回到較粗的層面上，當然也無法進入更細的狀況了。

因此在用功的過程，要盡量把握每一支香所具備的條件去用功。假如你剛剛坐了一支很煩躁的香，運動之後，要把前面那支香放下；接下來的一支香，又是另一個開始。如果還是很煩躁，你需要放鬆自己，先調和自己的心，不要急著想馬上用功。當你完全放鬆了，會發現煩躁的心情慢慢地緩和下來，你才把念頭轉回到數息的工夫上。那個時候，你所具備的是怎樣的條件，你就依那個條件去用功。

禪修要很誠心地用功，工夫用到哪裡就是哪裡，你不能夠騙自己。你也許可以表演給別人看，可以裝給師父看，裝出一副工夫很了不得的樣子，沒有用的。你只是增加自己的負擔、增加自己的壓力、增加自己的障礙而已。

二、如是因，如是果——建立正知正見

修行的工夫用到多少就是多少，這就是所謂的「如實」，也即是相信因果。如是因，如是果；工夫能夠用到哪裡，就看自己所具備的因緣、條件了。坦白說，很多因緣

是你看不到的。你對自己的過去了解多少？你曾經造過的善業、惡業，你也無法知道。在修行的過程中，甚至是未修行之前，你是否造過一些會障礙修行的業呢？有些是你知道的，也有一些是你不知道的。在你用功時，這些障礙會出現；它的出現讓你知道，這是你曾經造過的業，你要接受它。

修行是離不開戒、定、慧的，戒行是非常重要的，因為持戒的生活就是道德的生活。不管是世俗的道德，抑或出世間的道德，都應依循著去做；對於世間出世間的善惡，要明辨清楚。而在現實生活中，盡力去實踐世間出世間的種種善行，同時也遠離一切惡法、惡行。

從世間道德的角度來說，一些行為並不屬於惡行，可是在修出世間法的層次上，它就變成一種障礙。比如不殺生，站在世間道德的立場看，除了人之外，殺害其他的生命並不算是惡行；可是依出世間的修行來看，它就變成障礙了。如果我們是朝向出世間的道路走去，即使一些在世間道德觀念裡不屬於惡行的，也應該盡量不做。在「八正道」裡的正命，是指正當的生活方式，其中包括我們的職業。職業裡有一些在世間是被接受的，比如賣酒。但是，如果修學出世間法，這種職業最好不要做。「五戒」裡告訴我們不可喝酒，因為喝酒會麻醉神經；經常喝酒的人，癡心特別重，要修止觀法門是用不上去的，因為他們的思考能力已被麻醉了，缺少一種敏銳，思考、觀想時就形成一種障礙。

如果我們是站在個人的角度看，自己不喝就好了；但是站在菩薩道的立場，拿酒給別人喝比自己喝所造的惡行更加嚴重。這就好像自己造惡業到地獄去，那是純屬個人的事。如今不只是自己去，還帶了一群人；不但麻醉自己，也要別人跟自己一起麻醉。我們障住自己的智慧，同時也障住他人的智慧。有些人不行善也罷，還叫別人不要做善事；自己不敢捐血，也慫恿別人不要捐血；自己不敢捐獻器官，也說服別人不要捐獻器官。當然，以世間一般的角度來看，這是無可厚非的；然而當你要修行時，它就是一個障礙了。

三、不斷製造善的因緣

佛法非常強調正見，也即是我們要有足夠的智慧去判斷哪些事情是應該做的、哪些事情則盡量不要去做。正見的其中一項就是要相信因果，我們不只是相信，更要深信因果！要絕對相信它，不要懷疑它。

有些人會說：「我做了那麼多好事，用了那麼多的工夫，為什麼還是用不上呢？」實際上有很多因緣，是你看不到的。你也不知道自己曾經造過什麼業，這些行為可能就是一種障礙。即使如今顯現的情況並不如你的意願，還是要相信因果，接受事實。達摩祖師的「二入四行」，其中就有報冤行，也就是不管遭遇到什麼惡報，都能心平氣和地接受它。惡報不會無緣無故降臨到自己的身上，一定是因緣具足了才會顯現。

假如禪修時，你能夠用得上工夫，但是旁邊的人卻經常干擾你，不是搬腿就是爬起來，做運動也是粗手粗腳的，你也要接受他。他會坐在你的旁邊，說明你和他有緣，不要埋怨他；你一旦生起瞋心，就沒有辦法把工夫用上了。你把觀念轉一轉，用慈悲觀去觀想，希望能夠凝聚自己的力量來加持他，讓他能夠挨過他的難關；也許他能夠感受到你的力量和鼓勵，也因此而能把工夫用上。如此一來，你就是在製造一些善因了。

所以不管任何的狀況，你都要接受它；即使是逆境，也不要讓它形成提昇的阻力和障礙；反之，如果你坐了一、兩支好香，也沒有什麼好得意的，那只是好香的因緣具足了而已。你應該感謝自己曾經造過一些善因，讓你能夠坐到那一、兩支好香，接下來要把這些好香都放下來，繼續用功。

有些人的腿功還滿不錯的，一盤起腿來就「老神在在」，三、四支香也不下來。如果他又剛好坐在你旁邊，讓你羨慕之餘，不禁又感到很自卑。尤其若是自己的腿功又不那麼好的話，會覺得自己好像很沒用。雖然這不是很明顯的一種自暴自棄的心理，但是它會形成障礙，使你無法安住在自己的工夫上。你必須把這種心理放下，還是照著自己所能掌握的條件去用功。你也盡量不要搬腿，能夠忍的話就繼續忍，忍得辛苦一點也沒有關係，只要不會干擾到你旁邊的人；如果干擾到他，希望他能原諒你。實際上能夠坐在一起，這個因緣是很難得的。要深信因果，一定是曾經有過一段善的因緣，如今才有機會在同一個道場，過著共同的生活，也在同一個時刻坐在一起用功。雖然每個人的業報不一樣，但是至少曾經製造過共同的善業；現在因緣具足了，才能共同在一起用功。你不但要相信它、接受它，更要珍惜它。

當我們周圍發生事情時，不管怎樣的情形，總是用善的心理去製造善的因緣，而且不只是在自己這個圈子，還要推廣到這個圈子以外去。比如別人在那邊吵吵鬧鬧，心裡會想：「他們怎麼會剛好選在我修行的時間才吵呢？」這也是一種共業。他們在唱歌、吵鬧的時候，讓自己動了更多的念頭，但是不要為此生氣。它正好提醒自己，當這樣的聲音、干擾出現時，應該怎樣去用功？

因此，要感謝他們製造了這樣的一個環境，讓自己能夠提高警惕，更專注於工夫上；甚至可以提起慈悲的念頭，將用功的功德迴向給他們，希望他們也有機會接觸佛法、修行。你的心態一旦改變了，心就能夠安住下來，也不會再生起惡念；心念不會那麼粗，工夫也就比較容易用上去。當工夫能夠用上時，這種干擾已經不會再影響你繼續用功了。

修行時，真的要深信因果。這個果報會顯現，它一定是因緣具足了。有很多因緣是你看不到的，但是不要因為看不到就認為這件事不應該發生；它一定是具足了種種因緣，果報才會顯現。你看不到這些因緣，那是你本身的局限。果報已經顯現了，就要接受它，然後設法調整它。

所以在打坐用功時，要盡量讓自己的心安住在正確、積極的觀念上；不管遭遇到什麼逆境、抗逆你意願的，總是要往好的一面、善的一面去調整它。能夠經常這樣的話，你就是在不斷地製造善的因緣，它會慢慢地把一些本來可能轉向惡的調轉到善的趨向。如果你能夠時時刻刻都生起善念，其實是在幫助自己，同時也幫助別人減少修行道路上的障礙。

如果你抱持這種善念，和不貪、不瞋、不癡的心理來修行，不管到任何一個地方，都能夠用功，隨遇而安；任何的逆境、順境，也都能夠坦然面對！

拓寬道路

當我們禪修時，發現它好像很複雜。其實禪修的方法很簡單，只是過程非常複雜，這是因為我們本身太複雜之故。佛陀為什麼要說那麼多的法呢？主要也是要對治我們多種的問題和毛病，不同的問題就得用不同的解決方法。

禪修本來就是很簡單的事，即先把心安住下來，再專注去數呼吸；直到妄念漸漸少了，才去觀念頭；慢慢地觀念頭從多到少、從粗到細，到最後沒有念頭了，問題就解決了。

一、以智慧觀照苦果

但是在實際的禪修過程中，經常會碰上很多的問題。比如腿痛了，就想立刻找一個方法對治它；妄念很多，又想設法減少它；數到無法再數下去時，就想辦法讓自己能夠數；或者身體內部的氣在動了，要讓它不動或是引導它。其實這些都不是修行的問題，而是自己身心的問題。

很多人在禪修時都表現得很急躁，發現自己的問題來了，就希望師父能給一個「萬靈丹」，希望師父的一句話就能夠馬上解決自己的問題。前面已提醒大家要相信因果，今天會有這樣的情況出現，那是你自己造成的；你會有這麼多的煩惱，也是你自己製造的。這種種的煩惱，從造作一個又一個的惡業，到顯現為一個又一個的果報，變成修行的一種障礙，這其中已經過了多少的時間；又或者是自己不斷地製造相同的惡因，才會演變成今天的局勢，當然沒有辦法馬上把它清理掉。如果相信因果，就要接受這個事實，然後再慢慢做出適當的調整；調整也即是要製造另外一個循環，不要讓現在所遭受的果報繼續發展下去。

我們會感受到苦，是因為曾經造過的業；我們會造業，也是因為有迷惑。因為迷惑、因為愛染、因為瞋心，所以造作種種的業而招感種種的苦。我們如今承受這種種的苦果時，實際上它已經形成一個循環了。如果讓它繼續發展下去，因為苦，會產生更多的惑，造作更多的業，又招感更多的苦……，這個循環將不斷地發展下去。比如當工夫用不上時，我們在那裡煩惱、生氣、埋怨，那是在製造更多的惑；這不是在解決問題，而是讓我們原有的問題更加複雜，當然也無法把工夫用得更好。

如果我們相信因果，在遭受這個苦果時，要往上追溯，這個苦從何而來？是因為我們造業；我們會造業，是因為有種種的迷惑。了解這種情形，就不要讓這個苦果再招感另一個迷惑，讓這個苦繼續發展下去。我們要把它調整過來，也就是以智慧去觀照、去造種種的善業，包括清淨的行為，讓這種種的迷惑、煩惱不再產生作用。

當工夫用不上時，不要急著馬上把它轉過來。畢竟今天所顯現的果報，是累積了多少的業？而這些業又是由多少的惑造成的？我們無從知道。因此，我們需要給自己多一點時間、多一些空間，依照我們所知道的方法慢慢去調整。我們也不要期望這個方法馬上能夠用得上，倘若因為工夫用不上而苦惱，實際上我們還是繼續在造惑。

我們深信如是因、如是果，所以不斷製造善因，才可能得到更多的善報。即使是善的果報，也要善於利用它。遇到阻礙時，我們常常把它歸咎於「業障」：一盤腿，腳就痛，是業障；被狗吠，也是業障。這些是業障當然沒有錯，但是我們總以為業就是障。其實業並不一定就是障，業跟障不一定是相同的。我們不斷地製造業，也不斷地感受到果報；當我們在感受果報的時候，這個果報是否會形成一種障礙，抑或是一股增上的力量，就看我們的心態了。如果我們深信因果，不管是善業或惡業，我們都有辦法把它轉成增上的力量；否則即使是善業，也可能形成障礙。

比如一個人很有錢，這是善報，也許他前生做了很多布施，現在福報很好。但是也可能福報太好，最後墮落了，這個福報對他而言，也是一種障礙。如果平常在家生活過得太好了，進到禪堂，過不慣這種修行的生活，這也是障礙；平時在家是睡軟軟的床，來到這裡睡硬硬的地板，躺下去怎麼都無法入眠，這就是障礙。

一個人一生太順利，沒有什麼波折，不見得是一件好事；一生中從來沒有經歷過外來的衝擊和挑戰，一旦類似的情況出現時，就會措手不及，不曉得應該如何去應付了。因此，為人父母者不應該讓孩子的人生太平順，也不必過於呵護，免得他沒有機會去碰釘子、去碰壁，長大後會很難適應這個社會。比如孩子摔倒了，馬上把他抱起來，這會造成他每次摔倒都賴在地上等著父母去抱他，因為他沒有機會知道：原來摔倒了，是要自己爬起來的！

二、把惡緣轉化成善因

我們曾經造過什麼因，很多是我們不知道的，也無法預料什麼事情會發生。因此，我們要訓練自己能夠去應付任何事情的發生；如果事情發生了，把它當作是一種考驗、甚至是一種挑戰，或是生活中的插曲。逆境來了，沒有關係，我們去面對它；不如意的事情發生了，我們以它來警惕自己，然後再調整自己，把這個惡緣轉化成善因，讓它成為一股增上的力量。

如果我們深信因果，經常提起這種警覺，就不會怕任何障礙的出現。在修行的過程中，任何狀況都可能出現；因緣具足時，它就顯現了。狀況出現時，我們接受它，再做出適當的調整；但是，我們不要期望這個狀況馬上能夠轉化。我們必須要明白，有些情況是需要一段相當長的修行時間，才可能把它轉過來的。比如有的人身體不好，不要希望在一個禪七裡就能夠把身體調好。身體不好，可能是先天性的，又或許是後天調養不好；身體不好，它已經形成某種程度上的障礙了，所以即使現在要把身體調養好，也要有足夠的時間。不要期望打一個禪七或者學會了一個方法，什麼問題都可以解決了。

止觀法門裡提到，要調養病的時候，我們不但要有信心，更要有耐心。第一次用這個方法用不上，沒有關係，我們再用第二次；又用不上去，再用第三次。我們要對這個方法有信心。這個方法能夠對治這個毛病，就一直用下去；這個方法可以調心，就一直用下去。一開始也許用得不好，但是用久了，把握到這個方法之後，工夫就能夠用上去了。在用功的過程中，有些是屬於細節的部分，必須在應用的過程中，才能夠掌握。即使別人掌握後，把它的訣竅告訴我們，我們還是沒有辦法真正用得上的，除非自己去實踐；在應用的過程中，才可能掌握到：「哦，原來就是這麼一回事！」

在面對一些障礙時，如果知道這個方向是比較不理想的，可能往惡的方向去，我們要設法把它調往善的方向，要對這個方向、對這個目標有信心。除此之外，耐心也非常重要，要不斷地熏習、調整，把這個方法用下去。一開始調得不好是很正常的，即使調了兩、三年也調不好，對一些人來說也是正常的。如果從來沒有用過這個方法，平時也沒有常常運用它，怎麼可能在短時間裡就把這個方法用好呢？

可是我們都很心急，急著要馬上看到效果。急躁的人其實並不太相信因果，認為跟自己不相應的因果，就不相信它了。好的事情發生在他身上，他說這是因果；壞的事情發生在他身上時，卻憤憤不平地說：「怎麼會沒有因果呢？」有的人學佛後，做了兩、三件好事，為佛教做了一些服務，就好像要昭告天下一樣。偶爾別人講了幾句話，他就受不了，很灰心、失望而不要做了。人就是把自己看得太重要，才會有苦惱，這就是惑，它會招感另一個惡業，招感另一個苦果。

我們在處理這些問題的時候，真的要深信因果，而且要不斷地讓那個善的因緣具足，才可能得到善的果報。因此我們需要時間，也需要親自去做、真正去做。我們把所了解的理論、所知道的方法和觀念，轉化為自己的思想，融入為自己內心的智慧。這個過程是要自己身體力行，沒有人能夠幫得上忙。

假如我們在修行的過程中，發現自己很快就能夠把工夫用上去，要知道這是因緣具足了。也許我們曾經造了很多的善因，甚至曾經修學過這個法門，所以很快就把工夫用得很純熟，那更應該把握這個順緣。如果時間允許的話，要花更多的時間在工夫上，讓它用得更深、更細；反之，如果發現自己的障礙比較多，那也不打緊，就多花一點時間在工夫上。

每個人都有一條修行的道路，我們一面在造這條道路，也一面在走這條道路。我們曾經造過的路，現在有一些已經鋪在我們的眼前；如果這條道路是破破爛爛的，有大石頭、大木頭，又有大窟窿，我們唯有去清理、修補它。一面修行，一面把石頭搬掉、把木頭鋸開，再用一些沙石把窟窿填平，然後才走過去。如果我們只是站在石頭上大罵，那是在浪費時間而已。別人的路也許開得好，或者已經修補好了，他們已經走得很遠了，我們還站在原地罵。眼前的路既然是這樣崎嶇不平，我們就得接受它，然後設法慢慢地把它修補好，再繼續往前走。

我們會覺得這條道路很難走，很多時候是因為我們的路太窄；路窄，石頭又多，當然就很難走了。路會這麼窄，也是因為我們的心胸太窄！我們看到有的人偶爾也會和我們一樣造業，但是當他修行的時候，卻很容易把工夫用上去，那是因為他的心胸寬大！他的路很寬，偶爾一、兩塊石頭擋在中間，不要緊，拐一拐就過去了；左邊有個洞，他走右邊；中間有洞，往旁邊走，還是可以過去的；走過之後，再設法把它修補好，所以他走得比我們順暢多了。

三、自己用功，也幫助別人修行

在修行的過程裡，我們真的需要把自己的道路拓寬；可是我們卻喜歡將自己陷在一條很窄小的羊腸小徑上，把自己封閉了。我們常常覺得除了這個方法、除了這條道路，再也沒有其他的路了；其實通往菩提大道是很寬闊的。

我們把自己框在又窄又小的羊腸小徑上，障礙一出現，就走不過去了。因此，我們要把路拓寬，陽關大道總是比較好走。在修行的過程中，我們要學習把心胸放大、學習包容，還要多學習一些方法，就如〈四弘誓願〉所說的「法門無量誓願學」。其實這樣做，是幫助自己鋪一條更寬闊的道路。比如我們學會了多種方法，偶爾一個方法用不上時，就改用別的方法，可能就用上去了。

我們要行菩薩道，就要把路拓寬，不要只看到自己，更不要因為自己的修行而干擾到他人。有時候把自己弄得好像很有修行的樣子，會讓身邊的人很自卑。其實我們不需要表現自己的，不妨隨緣一點，多去關心別人，把自己懂的與大家分享；有時間多做一些布施的工作，多多為別人服務，這也是修行的方法，並不是盤起腿來禪坐才算是修行。

我們除了自己用功修行以外，也要常常幫助別人；在幫助別人的過程中，實際上我們是在製造更多的善業，幫助自己把道路拓寬、鋪平。很多時候，修行是相輔相成的，愈去關心別人，愈會有一種增上的力量。比如自己想懂得一些佛理，很簡單，只要多讀、多看就可以了。可是當我們想要把它傳達給別人，希望他人能夠得到受用，那就不僅僅是自己明白而已，真的要好好地花一番工夫來掌握它，無形中就會成為一股增上的力量了。

如果我們只想到自己修行解脫，那是很狹窄的觀念。我們要把心胸拓大，自己在修行的同時，也能幫助別人修行；即使自己沒有解脫也沒有關係，只要能夠幫助別人，讓別人能夠解脫，那就很好了。有時候，我們會發現一些理論非常好、非常高深，自己也許做不到，我們還是要把它傳達出來，希望別人能夠得到受用。

我們所做的一切，若能從別人受益的角度來看，而不是從自我的角度來衡量，那麼整個情況就有了轉機。比如禪七用功的時候，旁邊的人干擾我們，只要自己把觀念調轉，以慈悲觀去觀想，希望他能夠克服障礙，我們就不會受他的干擾了。只要把觀念調轉過來，曾經是問題的都不再是問題了；只要把心胸放大，很多事情都可以包容在內。

修行是為了要淨化身心。在不同的時刻，我們可以應用不同的方法，只要那個方法能夠達到淨化身心的效果。在打坐用功時，當工夫無法再進一步，我們可以起來拜佛；昏沉的情況出現時，我們可以起來經行。而在日常生活中，我們也要常常幫助別人，讓別人也能同霑法喜。我們不斷地把修行的道路拓寬，雖然過程比較辛苦一點，但是這條路走起來會平坦得多了；心胸放大了，一切都能迎刃而解。

調身調心

我們在用功的時候，一開始會覺得妄念非常多，等方法用了一段時間之後，就能把工夫用上。當工夫用到某個階段時，有些人會發現呼吸好像不見了。到底還有沒有呼吸呢？是呼吸真的不見了，抑或是自己找不到它？

一、調息讓身心調和

平常我們的心比較粗，不太容易覺察到呼吸。當我們用功的時候，一般上心與呼吸都處在比較相近的層次，所以能夠注意到呼吸，甚至可以很專注地去數它。當心調得更細時，我們把數字放下，然後隨息；慢慢地我們會發現呼吸若隱若現，最後好像沒有了呼吸。我們的呼吸可能細到這樣的程度嗎？應該是可能的。

身體的各個部位都需要氧氣，我們通過鼻孔和氣管，把氧氣輸進肺部，再由肺部輸送到身體的每一個部位，然後通過鼻孔把身體所排洩的二氧化碳輸送出體外。實際上皮膚的一些毛細孔也能產生呼吸作用，但是呼吸比較粗顯的部位還是在鼻子。身體吸收氧氣之後，能夠產生一種能量的作用。當我們靜下心來，身體內部所需要的氧氣也相對地減低，所以呼吸會慢慢地調細；如果我們真的進入止靜的狀態，可能只需要毛細孔去接受氧氣就足以供應了。

如果發現呼吸不見了，也許是真的到了身體不太需要氧氣的時候，也即是進入止靜的狀態了。但是有時候我們覺察不到呼吸，並不是真正進入止靜的狀態，而是呼吸調得比較細，心比較粗，所以覺察不到呼吸而已。

當進入止靜的狀態時，如果心很穩定、感覺很充實，那即表示止靜工夫很好。一般上當我們剛進入止靜的狀態時，會感到很空洞、很不踏實，因為工夫還不穩定，而且心還習慣於攀緣。所以一進入止靜的階段，因為沒有什麼東西讓我們攀緣，心會空空蕩蕩的。一旦看到念頭生起，就馬上攀附於它；這麼一攀，心又回到比較粗的層面，又得從數息開始用功，慢慢再調回止靜的狀態。這麼上上下下地來回好幾次，也許需要一段相當長的時間，才能調到比較穩、比較實在的感覺，那表示止靜的工夫已經穩定了。

當我們的心不斷地往內收時，前五根的作用也會相續往內收。在用功時，我們隔絕了眼根的作用，因此耳根的作用比較敏銳。開始時，我們會聽到外面有人講話的聲音，我們還是把工夫收回，不受聲音的干擾；慢慢地聲音好像愈飄愈遠，其實聲音仍然傳過來，但是我們覺得它太粗、太累贅了，而不去理會它，漸漸地就覺察不到它了。同樣的，身根也會不斷地往內收，剛開始我們會感覺到冷或熱，慢慢地它也會消失，甚至會感覺到身體好像一層一層地脫落，最後似乎不存在了。

我們若感覺到心慢慢地轉細，這時候可以把數息、隨息也放下，就只是專注在一個點上。我們會覺察到念頭不斷地轉，開始是隱約浮動著，慢慢地看得很清楚，之後又轉粗了，我們就放下它。在這個念頭從隱約到明顯再轉粗，直到消失的過程中，我們的心已經安住在更細的狀況了。

當工夫愈趨穩定時，身體也會相應地轉細，以配合深細的心；當心轉入更深細的層次時，我們的身體仍然支撐著。因此，在初步調身的階段，我們盡量把身體調好、調正；當心調至更細的狀況時，我們對身體仍然有警覺的作用，仍然保持最佳的姿勢。

倘若平常沒有注意調身，一稍微用功就會有「昏沉」的現象，因為當心安住在比較細的狀態時，身體並沒有相應地轉細，所以心對身體的警覺支撐作用會減弱，偶爾會出現身體「掉」下來，類似昏沉或打瞌睡的情況。身體這麼一動，念頭也轉粗了，要稍微注意、檢查自己的情況。假如你「掉」了一下，調整後又想「掉」第二次，感覺心沉沉的，身體也很疲累，那就是昏沉了；如果身體「掉」一下，但是精神還滿好的，這只不過是在細心中，對身體的警覺支撐作用轉弱而已。有時候，護七也會幫你把腰挺起來。

二、身與心相互配合

在用功的過程裡，調身的工夫真的很重要。你每次進入比較細的狀態時，身體「掉」一下，心又被拉回來，你便無法進入更細的狀態去。我們一開始用功，就要把姿勢調好、調正、調穩，當心進入比較細的狀態時，身體便能夠相應地調細。身體與心相互配合，即使心轉入更細的狀態，它仍然可以支撐著身體，保持在穩定、正確的姿勢。當心進入比較細的狀態時，我們也可以不斷地暗示內心，把支持身體的任務交代給下意識的作用。

當我們的工夫用得比較好、身心處在比較細的狀態時，我們的觸覺會很敏銳，任何一個突發的聲音都會刺激皮膚；皮膚一受到刺激即馬上反應，我們的心也會被拉回到比較粗的層面，但是它很快又會內收，使心回到穩定的狀態裡。

未用功之前，我們的「腦波」是起伏不停的；受到刺激時，它跳動得更厲害。如果工夫用得好，「腦波」是平穩的；受到刺激的當下，它的波動起伏相當大，但是又會快速地回復平靜。

當一個外在的聲音出現時，我們通過耳膜聽到聲音。其實皮膚也可以對聲波產生反應，只不過平時我們沒有辦法發揮這個作用。聲波的傳達就有如將一粒石頭丟到水中央所引起的陣陣漣漪，從被擊中的那一個點向周圍散發，其頻率愈轉愈小。當一個聲音發出時，從聲音發出之後到達我們的耳根，它的頻率已經轉小了；如果它的頻率太小，雖然有聲音，我們卻無法「聽」到。即使它的頻率足以讓我們聽到這個聲音，也並不是最直接、最快的速度，因為聲波必然先傳到皮膚，然後才傳入耳根，其間的相差也許只是一剎那。但是當身心進入比較細的狀態時，皮膚必先受到聲波的震動，然後耳朵才聽到聲音，它就有先後的分別了；甚至耳根無法接受太微小的聲波訊息時，皮膚的敏銳也能夠感覺到。當然，我們平時是無法覺察聲音傳入的時間先後性。

我們在從粗調至細的過程中，如果旁邊的人發出一個聲音，你的心念可能馬上就被拉回來了；心裡開始波動，念頭也轉粗了，又得慢慢地調回細的狀態。假如你期盼能快點調到剛才那個比較細的狀態去，念頭反而又轉粗了，當然無法調回去，也許一支香下來，就是飄來飄去用不上工夫。如果我們的工夫比較穩，一個突發的外境把心觸動了，能很快地反應，也很快地把心收回來，再繼續用功，這樣的話，工夫才可能持久，才可能愈調愈細、愈調愈穩。

有的人坐到比較細時，他的頭就慢慢地歪了，他也許會認為：「這並不礙事啊！」其實這樣的姿勢不好，頭歪久了，會感覺頸項的肌肉被拉得緊緊的；肌肉一緊，身體處在非常敏銳的狀態馬上被干擾，工夫當然也無法再持續用得好，所以正確的姿勢非常重要。

還有打坐時，身上的裝飾品，包括手錶、項鍊、戒指、耳環及手鐲都要除下。我們平時並不覺得有什麼不便，但是當工夫用得稍微好的時候，這些都會形成一種壓力。同樣的，穿的衣服比較寬鬆，坐的時候就不會有肌肉拉緊的感覺。當心進入比較細的狀態時，皮膚的觸覺非常敏銳，任何由外加入的，包括衣物與裝飾品，都會產生某種程度的壓力而形成一種干擾。所以打坐時，我們要穿寬鬆的衣服，也不戴任何的裝飾品，甚至連眼鏡也得除下。

三、姿勢正確，工夫才能持久、穩定

我們要盡量把調身的工夫做好，讓身體處在調和、穩定的狀態。雖然調身不是最重要的部分，然而身體保持一定的健康與穩定，在某種程度上有助於調心，身體與心必然保持相應的狀態。我們也不要以為坐得舒服就好了，最舒服的姿勢並不一定是最好、最正確的姿勢。在調身時，盡量讓脊椎骨的每一個骨節都安放在最好、最適當的位置上。我們把腰挺起來，就是盡可能讓腹部的空間放大，因為內臟需要比較大的活動空間。很多時候，我們自覺或是不自覺地會將身體彎向前，導致內臟活動的空間被壓得小小的，當然坐起來就辛苦了，也許還會導致內臟出現毛病呢！

另外，我們在調身時，也要盡量讓身體的每個部位都能放鬆。下巴內收，就是要讓脊椎骨的每一個骨節很適當地支撐著頭部。有些人的下巴內收後，頭就低下來了，這會造成頸項的肌肉緊張，而且氣管、甚至食道會有被壓的感覺，呼吸也就不順暢了。也有一些情況是頭稍微往上仰，造成脊椎骨往後壓，呼吸自然也會受阻礙影響。這些都是比較細節的部分，自己要常常注意、常常調整。有了正確的姿勢，工夫才可能持久、穩定。

至於盤腿，最理想的就是比較修長的腿，修長的腿盤起來，姿勢就很好，而且會很穩。如果腿比較粗短，盤起腿來，姿勢會比較不平穩。身體的構造是業感的，有些人的確生有一副很適合打坐的身材，但也並非絕對的。我有一位同學，他三十多歲出家後才開始學打坐。雖然他的身材短小，腿也不怎麼長，可是一開始就能夠雙盤，而且一坐就是半個小時。後來還可以一盤兩個小時，換換腿又是兩個小時，甚至盤腿也不需勞動雙手，只要把腿抬上來，稍微用手拉進去就行了，讓我們羨慕不已。也有一些人的腿雖然滿細長的，但就是無法盤起腿來；有的人甚至連單盤都成問題，單盤起來兩隻腳翹得高高的。當然，只要有毅力、有恆心，假以時日還是可以把腿盤好的。每個人的身體構造都不同，條件也不一樣，所以我們要明白：即使想把身體調好，也要具備相當多的條件；身體的條件比較好，調身的工夫就容易多了。

從長遠的修行過程來看，調身的確相當重要。即使是很細節的部分，我們也不能掉以輕心，比如「調身七支法」，即是：把腿盤好、挺腰含胸、肩膀放鬆、雙手安放在身體中央、下巴內收、舌頭上抵，以及雙眼下垂。雖然是很簡單的七個步驟，也不妨多用心。身體調得好，並不表示心一定能夠調得好；但是身體調得不好，多少還是會干擾到調心的工夫的。

在修止的過程中，我們要不斷地讓身體的調和配合心的調和。當心進入比較細的狀態時，身體也能夠相應地轉細；而心對身體的警覺支撐作用一直持續著，身體的姿勢便能保持在最佳的狀態，工夫也能一層一層地深入。

觀心無常

觀有兩邊：能觀的作用和所觀的對象。我們內心能觀的作用是不受所觀的對象影響，但是我們卻很清楚地看到所觀的對象。比如觀念頭，我們先把心止在一個點上，會看到比較細微的妄念不斷地在生滅的過程。當心比較穩定之後，它有一種止的作用，所以不會受到這些妄念（比用功的念頭稍微粗的妄念）干擾。在觀的過程中，我們讓心不斷地往下沉，當愈觀愈細時，會發現能觀和所觀的距離愈來愈接近。

一、世間一切皆是生滅無常

如果我們是觀外在的現象，一般上它的界線都很清楚。能觀的是有情的身心，包括生理作用，比如前五識對外攀緣的時候，就是能觀的作用；而外在所引生的種種境界，就是所觀的。我們的內心也有這樣的作用，當我們通過眼根或者耳根接收到訊息時，我們的心識也會對傳進來的訊息產生一種了別的作用，這就是能觀和所觀的作用。

當我們觀念頭到達比較深細的狀態時，實際上就是我們的心在觀我們的心，也即是心識的作用在觀依心識而生起的念頭。心識的作用能夠起能觀的作用，其實它並不是單獨如此的，它也要依心所法的作用，才能夠產生能觀的作用。在這樣的過程裡面，我們發現能觀和所觀的界線不像對外觀時那麼明顯，它們的距離愈來愈接近，有時候甚至不能夠很清楚地分辨哪一個念頭是我們在觀的，抑或是一個念頭在觀另外一個念頭？

我們先把心當作一個個體，是方便對這個心做一些剖析或是了解，以讓我們有一個比較具體的印象。實際上我們的心是很複雜的，它是由許許多多的作用組合起來，我們才能夠覺察到它的作用在運作；假如這些組合而成的作用分開，我們就覺察不到心的作用了。能觀的作用也是這樣，並不是有一種作用稱為能觀的作用，能觀的作用會產生也是因為有一個所觀的對象。能觀與所觀實際上是分不開的，比如眼根會產生作用，也是因為有一個外在的色塵讓我們看；假如沒有色塵，眼根不可能產生看的作用。同樣的，耳朵能夠聽到聲音，也是因為有一個外在的聲音讓我們聽。

我們在觀念頭的時候，發現能觀的作用與所觀的對象愈來愈接近，其實這些作用都是一種組合而成的現象而已。如果我們不理會這些念頭，它就是上下浮動著，念頭生起後就滅去。當一組的念頭滅去了，另一組念頭又會生起來，念頭就是在生生滅滅的過程中。其實有很多念頭是我們過去的一些經驗，包括一些不同的心所法的作用；

甚至當我們看到念頭在轉動時，內心也會對這些念頭做出一些反應。

從念頭生滅的情況來看，它實際上是無常的，也只是一種組合的現象。即使是一個很小的念頭，也不可能是單獨生起來的，它必然是由許許多多不同的微細念頭組合而顯現的，所以我們所觀的念頭是空的。如果所觀的是空的、是一種組合的作用，那麼能觀的作用也是空的，它也是依所觀的對象而產生的一種作用而已。實際上能觀與所觀只是一種相互依存的關係，它們之間不斷地在生滅過程中。所以一切現象的顯現，都是相對、組合而成的，這就是緣起。

世間所有一切的作用，從最細到最粗的，基本上都是一種組合的作用，它一定是相對的。當我們依緣起去觀一切時，則一切（包括我們的心）都是空的。我們把心當作一個個體，是方便我們去剖析它，就有如把香蕉的樹幹一層一層地剖開，剖到最後就是空的。

看到念頭生起時，我們剖析它，看出它實際的情況。當我們觀呼吸的進出時，發現呼吸也是一種生滅的現象，是無常的。無常是一種實際的情形，它無時無刻不在發生著，但是平常我們沒有辦法在每一剎那的生滅過程中，很深細地覺察到它，只可能從一段比較長的時間看出無常，比如一期生命的結束或是一個茶杯打破了，我們才感嘆說：「這是無常！」

二、接受無常，苦惱即消除

無常只是一個現實的情況，我們卻把它看作是不好的事情。人死了，無常；生病了，是無常；杯子破了，也是無常。其實我們所看到的都是非常粗顯的，比如一個人活了七十年，我們也花了整整七十年才知道他是無常的。我們心裡都明白世間的一切皆在剎那變化著，但是我們仍然執著於恆常不變的現象。我們對於所喜歡的東西，希望永遠擁有它，從它得到一種滿足、快樂；也希望自己不會變，因為變表示我們會老、會死，而我們卻希望自己不會老、不會死。

我們希望變或不變，是隨著年齡而改變的。小時候，我們希望自己快點長大；好不容易挨了一年又一年，到了某個年齡時，卻又希望自己不變，永遠停留在那個花樣的年華。我們希望時間最好停留，讓自己永遠活在最美好的時刻，永遠過著充滿活力、充滿希望的人生。其實我們心裡都很明白這是不可能的事，於是想盡辦法要把青春留住：皮膚有皺紋了，我們去拉皮；有了一根白頭髮，就好像天要塌下來似的，忙著把白髮染黑。

我們有時候很羨慕那些神仙、天使，即使死了也沒關係，變成天使到天堂上，天堂就是永恆了。其實我們也不知道自己會以哪個年齡的樣貌到那裡，如果是癌症而死，死時又瘦巴巴的，我想很多人都不願意去。

世間是無常的，我們卻無法接受這一個事實，想盡辦法要從身體上去保持它不變，將種種美膚膏、化妝品等一大堆化學藥品往臉上塗抹。台灣有一個女明星，聽說學佛很久，有一次她想去農禪寺打禪七，聖嚴法師說：「你不要來。」為什麼？因為她化妝要花兩個小時，沒有化妝她不敢出門。如果四點起床打坐，她兩點就要起來化妝，她怎麼和別人一起打禪七呢？

其實佛法只是告訴我們一個實相：無常是一個事實，並無所謂好或不好。世間一切現象都在無常變遷著，從外在最粗的現象到最深細的內心都在生滅變化中。往內心觀照時，我們發現變化最快的是自己的心。愈是粗顯的現象變化愈緩慢，比如地球的變化當然比一張桌子的變化慢，而太陽系的生命則比地球的生命長。有情的心識變化最大，如果有人對你說：「我對你的心永遠不變！」你不要相信他，因為當他講了之後，他的心已經在變了，變成如何就不曉得了。

一般上當我們觀外在的現象時，會發現其變化並不很明顯。其實並不是變化不明顯，而是我們覺察得不夠深細。比如遇見一個朋友，我們會說：「好久不見，你還是沒有變。」其實他不可能沒有變化，只是我們不容易覺察他的變化而已。又或許我們兩、三個星期沒有見到他，見面時很驚訝問：「你怎麼變得這麼快呢？」其實這並不奇怪，只要我們的心起一個很大的變化，下一分鐘就會有很大的變化了。

如果我們現在從一個外在無常的現象去觀，可以看到它在不斷變化的過程中。往前追溯時，我們發現這個現象會顯現，乃是因為它有不同的因緣；而這些各種不同的因緣、條件會繼續不斷地產生變化，因為它們本身也是由許許多多其他的條件組合而成的。當因緣、條件的組合變化了，現象也會產生變化。因此，一切現象都是無常的，也是無我的，因為它不是一個單獨的個體，它會因條件的變化而變化。

在觀的過程裡，我們知道生滅是必然的。任何事情都可能發生，只要因緣組合，現象就顯現了；因緣離散或是重組後，另外一個現象可能就出現了，這就是世間的實相。其實每個人都只有一條路，就是死路！我們一出生，就必然要面對老死。從佛法的角度來看，一旦接受了無常的事實，很多苦惱就消除了。

我們常常不肯接受事實，希望自己不會老、不會死，對自己提出不合理的要求，要求青春永駐、要求能夠擁有一切美好的東西。因為我們的要求、我們的意願和染著是與現實相違背的，所以會很苦惱；一旦明白無常是世間的實相，也接受這個事實，就能夠放下許許多多不正確的觀念與染著，再多的苦惱也就貼不上來了。我們從止觀法門的修學裡，觀察到無常的道理之後，就要應用在生活中，幫助我們把一些不合理的要求、不必要的煩惱都一一消除。

在面對生命中的種種事物時，我們應抱持「有的話很好，沒有也無所謂」的態度。其實人最基本的生存需求非常簡單，生活可以是非常單純的。明白無常的道理，實踐無常於生活中時，我們可以很澹泊、很自在；甚至身體出了毛病，四大要解體了，也能接受這個事實，病就不再是一件痛苦的事了。

三、以無常觀面對生活的種種

在觀想的過程中，我們可以從外在比較粗顯的無常，觀到內在深細的無常現象。比如我們可以觀念頭的無常生滅、觀呼吸的無常生滅，甚至可以從一個動作來觀無常。又比如當我們經行時，通常是專注在不動的腳上，其實也可以觀那隻正在移動的腳。

如何觀呢？有兩種觀法：一種為只是觀它在移動，就好像我們平時拜佛或者做運動時，只是專注在動作上，直接去觀腳移動的動作，這是一種現觀的方法。另一種就是觀腳提起來是一個生，腳放下去是一個滅；接著，後面那隻腳提起來又是一個走的動作生起來，腳再放下則表示走的動作滅去了，這就是生滅。我們如是很細心地觀下去，會發現腳從地面提起來就是一個生滅的現象，腳向前移動也是一個生滅的現象，然後把腳放到前面又是另一個生滅的現象。從一個生滅觀到有三個生滅，也即是從比較粗的生滅觀到比較細的生滅。在這個過程裡，我們愈觀愈細，會觀到一個腳步的動作其實是由許許多多的生滅組成的，甚至是非常微細的動作也都是生滅的現象。

比如我把手指合起來握拳，你知道這個簡單的動作拉動了多少條肌肉和筋脈嗎？你可能不知道，也許讀醫學系的人可以很詳細地告訴你。實際情況也的確是這樣，每個動作都包含了無數的生滅現象。如果我們能夠很深入地觀察，會觀察到一個現象——即生即滅。其實當一個現象生起的當下，它就滅去了，生與滅是同一個時間發生的。在現象上，我們說生與滅是在同一個剎那發生的，所以是即生即滅。然而從哲學的角度或從本體上去看，就是不生不滅了。

這種種從現象或哲學的角度去了解、詮釋無常的觀念，是為了要幫助我們更準確地去掌握它，以便在觀照種種現象、乃至自己的內心時，能夠清楚明白實際的情況，而能依這種理解、觀念去面對生活的種種，化解內心一些不必要的煩惱。

當煩惱生起來時，我們覺察到了，要讓它即生即滅。也就是說，煩惱在生起的當下就滅去了，我們不要再讓它繼續生起、不要再讓它發生作用。若能從一般現象的生滅觀察到比較細的生滅，智慧就顯發了。世間一切的現象都是無常生滅、緣起和合的，包括我們認為最寶貴的色身、甚至身心作用也是無常生滅的，生了一定會滅去。我們的身心組合了種種的因緣，包括我們所造的業、我們種種的心識，因而種種身心的活動生起來了。但是，總有一天這些因緣要離散，色身也會滅去。

如果我們對生命個體有如此透徹的剖析，就不會染著而能夠放下它。在放下的同時，許許多多的苦惱就生不起來了。阿羅漢有曰：「我生已盡，梵行已立，所作已辦，不受後有。」我們現在都有「後有」，會攀附未來，對未來也充滿希望。一個真正解脫的行者不會攀附過去，也不會攀附未來，他只是生活在當下這個因緣具足的剎那。過去的因緣已經離散了，未來的因緣還沒有具足，所以無須去理會它。現在他的肉身還存在著，他以往的種種因緣還延續著，等到這個肉體滅亡——死亡來臨時，因為他「不受後有」了，所以它的作用不再延續。其實不受後有並不只是說死了不再輪迴，甚至意味在他活著的當下，已從種種的煩惱、束縛中超脫，當然也不再造業了。

我們有許許多多的苦惱，染著於常，貪求美好的事物；不但緬懷過去，還對未來有所期盼。做任何事情時，我們必停滯過去、貪戀現在、罣礙未來，這就有了後續的力量，產生「自體愛」、「後有愛」，時刻不停地攀附，所以不斷地在輪迴流轉中。明白了世間無常的實際情況，我們就依這樣的觀念、道理，真正發揮在生活的每一個層面，讓自己能夠真正地得到解脫。解脫是當下的，不須等到將來才解脫。

我們每天還是要面對很多問題，當這些事情發生時，若能依無常的觀念來觀照，很多煩惱就貼不上來了。我們不攀附它，苦惱就不會生起來。當我們活著的那個因緣具足的當下，我們只是隨順著這個因緣而活；因緣解散時，也讓它去。我們不去攀附這一切生滅流轉的現象。

明白無常的道理，接受無常的觀念，實踐無常於每一個時刻，生活將會截然不同。

剎那永恆

無常的觀念對我們而言是非常重要的，但是每個人對無常觀念的掌握會有不一樣的情形。有些人是從比較長期的觀察中看到無常，比如看到一個人從生到死，或者一個比較大的變化。也有一些人從每天生活中種種的變化，明白到無常；更有人從自己的情緒波動中，甚至不同的念頭中就知道無常，不過這些都是比較粗顯的。

一、一切現象都是緣起

如果我們是比較深細地去觀察，甚至可以看到剎那的無常、剎那的生滅；從剎那的無常，看出原來生滅的現象是即生即滅的。如果我們再進一步去體會它的本性，會發現它是不生不滅的。實際上如果我們真正把握到無常真實的意義，就能夠從觀察無常的過程中，進一步了解到一切現象都是緣起的。因為是緣起，所以現象的顯現都是無我的，也即是沒有一個恆常不變的個體，它不會單獨存在，也不可能完全自主的。因此，我們從無常就明白到緣起的道理，或者從緣起就知道無常的道理。我們也能從無常明白到無我的道理，或者從無我就可以知道是無常，實際上這些都是從不同的角度去觀察世間的實相。

我們平常都是通過感官去接觸外塵，因為感官的作用也是無常、緣起的。但是當它接觸外境或者現象時，是否能夠準確地把訊息傳進來？而內心裡面心識的作用，是不是也能夠那麼準確地分析這些現象呢？雖然理論上我們知道一切現象都是無常的，但是我們可以看到，當一些訊息傳進來時，我們感覺到很真實。比如一杯熱茶，你拿久了手會痛的，那種感覺很真實。可是這種我們認為很真實的感覺，實際上是由許多因緣組合的；如果這些因緣離散了，這種感覺就不存在了。

當我們真正了解、分析的時候，會發現那些看似不變的東西，實際上一直在變化著。從物理學的角度去看，世間並沒有一樣不變的東西，一切事物都只是「能」或「力」的作用，「力」是不可能靜止不動的。物理學家從原子而發現到核子、粒子、中子和電子，實際上他們只是把這些東西假定下來，並看不到這些東西；他們只是通過它們產生的作用，確定這些東西的存在。這些東西是不是確實存在呢？其實它們都是在動的過程中，所以沒有辦法去測驗它們是不是真的存在？但是，從它們的作用過程中所產生的「力」，我們通過定律或者經過分析，知道有這樣的情形。由此可推論整個宇宙都是在變化中，一切都是在動的過程中；沒有一樣事物是靜止的，也沒有一刻是靜止的。

從宇宙的無常變化到身心的無常變化，我們可以觀察到它們的共通性。雖然顯現的現象不一樣，但是它們所依據的性質都是一樣的。然而明白這個道理之後，我們是否就能夠在現實生活中運用這樣的觀念，幫助我們消除種種的煩惱和苦痛呢？這就要看我們如何去處理它了。

實際上我們不一定要觀察到非常細微，才能掌握到佛法的中心思想。有些時候我們可以從現實生活看到無常，比如看到一個人去世，就聯想到自己有一天也會這樣。假如當時我們正在和別人爭執一樣東西，看到有人去世，我們會想：「如果我現在就死了，我還要爭什麼？」當下的一種領悟，可能就把這個苦惱拋開了。我們從經典裡，可以看到一些辟支佛行者是通過自己修行而證得解脫的；他們也許是看到樹上的葉子飄落下來時，就覺悟到世間無常而解脫自在的。中國佛教的禪宗頗有類似的意境。

佛法的智慧，不是靠知識的累積而得；知識的累積，不一定能夠產生智慧。智慧必須要通過一種領悟，也即是要通過一種專注、警覺、觀照的作用，方能顯發。從觀照的過程中，我們要更深一層去分析、判斷它，乃至抉擇它。通過這種種的訓練，才可能產生一種領悟。

有的人對外在現象的觀察或者佛法的知性層面有了理解之後，就可以把他所了解的轉化為智慧，也即是說他領悟到佛法，而並不只是知道佛法，或者累積佛法的知識而已。有些人在打禪七前也看過一些佛書，明白佛教的道理，可是在打坐用功時，是不是能夠把佛法用上去呢？或者在用功的時候，只是把那些道理拿來想一想？是否能在止觀的過程中，觀察到念頭不斷地飄過，就明白原來自己的心也是無常的？從觀察外在的無常到達念念無常，實際上也正反映能觀的作用是無常的、是相對的、是因緣和合的。如果能夠如此不斷地去體會、去領悟，也就能夠把內心很多不正確的知見消除，同時對外在的實相、乃至對自己身心的實相看得更加清晰。

二、領悟無常，智慧即生

當我們在分析種種的現象時，必須從「有」的角度去分析它，要把心當作是「有」的一種作用來分析。我們是否能從「有」的一種分析裡面，了解一切存在的現象、一切的「有」所依的本性是空的呢？我們在知識上、管道上，或者訊息上知道佛法講「空」，明白之後，是否能夠體會佛法所講的空，到底是怎麼一回事呢？

我們對無常的了解，不管是從生活的層面到內心活動的層面，或是從觀一切現象的層面，乃至從一期生命的無常去了解，抑或是從剎那的無常生滅去了解，都得看我們能否掌握到無常實際的情況，從而產生領悟的作用。若能掌握、領悟到無常的真實義，智慧就生起來了。

當我們能夠了解、接受無常的道理和作用之後，就能盡量不讓煩惱生起。煩惱也是無常的，它也是緣起的；只要因緣不具足，煩惱當然也生不起來。這些因緣包括內心的煩惱，與外在種種能夠引發內心煩惱的外緣；當這兩者相應，苦惱就生起來了，由惑造業而招感苦果。明白這個循環，我們把惑斷除，愛染就斷了，生死也就解脫了。

有些人並不是修到很深的禪定，但是從無常、無我的了解與領悟，就能夠在現實生活中，將一切都放下，讓自己的生活過得非常單純。雖然以往所造的業仍然延續著、雖然色身仍在，但是它已經沒有潤生的力量和作用了。

所謂潤生，即比如一棵樹的葉子落光了，整棵樹幹光禿禿的，可是我們知道這棵樹並沒有枯死，因為它的根還會吸收水分和養料，所以它還有潤生的作用。因此，有些人表面上看似沒有什麼煩惱了，但是其潤生的力量還在。也即是說，他的煩惱仍然沒有真正斷除，一旦他所壓制的力量不夠，煩惱爆發時，他又造業，潤生的作用會再持續下去。即使樹葉都掉落了，只要樹根還在，它的新枝綠葉仍然會長出來的。

另外一種現象是樹根雖然被砍斷了，它的葉子仍然很茂盛，這是因為它的枝葉還儲藏著一些養分。因為葉子還有葉綠素，所以它仍然會吸收陽光，產生光合作用。但是它已經沒有潤生的作用，也即是養分和水分的來源已經中斷了，所以它會慢慢地枯萎，最後枯死。

一些人明白無常、無我的道理之後，實際上他們的煩惱已經了斷了，甚至生死也已經解脫了。雖然沒有了潤生的力量，但是以往所造的業還有延續的作用。他們的生活變得非常單純，只是依生存本能最低的一種需求就足以維持色身。他們對世間已沒有絲毫的要求、愛染與執取，這是一種偏向於「生滅滅已，寂滅為樂」的情況。

一般人都是執常、執有，認為生活一定要表現得很有進取心，那才是積極、才是對人生充滿希望；反之，看到別人能夠全然放下，會覺得他很消極。其實對他而言，這並不會造成任何的影響，因為他已經看出世間的實際情況，只是依實際的情況生活；反而是我們自己徒增煩惱，心理不平衡。我們認為人生應該是充滿色彩的，我們把自己真實的面貌塗得面目全非了，還洋洋得意，自以為那才是最好、最美的。

有時候我們看到一個人，覺得她很美，如果我們有機會把她臉上塗的那一層又一層的色彩都洗掉，你會發現：原來她好醜！有人開玩笑說，若要去找明星，最好不要在她剛睡醒的時候，因為那時她臉上還沒有塗上太多的色彩，如果見到她的真面目，一定會受不了！而我們自己也認為化了妝才美，如果一個人以很樸素的臉對著你，你可能會覺得好難看，臉色青青白白，沒有什麼色彩，其實這些都是我們加上去的標籤。一個已經了脫生死的行者，他習慣以最真誠的面目待人，對他而言，任何我們加諸的標籤都只是戲論。

如果我們能夠很深細地觀察，就會發現生滅的現象，實際上是即生即滅，而它的本性卻是不生不滅的。大乘佛教就提出了「空」的概念，它含攝一切的功德，是大乘佛教的中心思想。我們可以依空的概念來說明寂滅、寂靜，也能從較積極的層面來詮釋。

比如當我們說這個杯子是空的，一般上會以為這個杯子沒有水，所以是空的。但是空的涵義並不是「沒有」，而是說杯子的本性是「空」的；即使杯子有水，它還是空的。意思就是說，這個杯子沒有恆常性、沒有獨立性，也沒有主宰性。當我們詮釋空的涵義時，必須以哲學的角度去分析它，而不是落入一般世俗的觀念，誤解空為沒有、空無。

三、如實觀照一切、處理一切

大乘佛教把空的觀念哲學化，甚至建立了一套很完整的哲學系統以闡明它。就某種程度而言，空的觀念相當抽象，類似一種形而上的哲學。如果我們只是以一般世俗的角度，或者是從知識上去了解它，將不容易把握它真正的涵義。我們必須通過一些比較高層次的理解及深細的思考，從而得到一種體會、領悟。

實際上佛法的空義，必須先從「有」的角度去理解，依「有」而逐漸體會空的真實義。比如《心經》，它一開始就講五蘊皆空、五蘊即是空、空即是五蘊，否定了五蘊；接著把十二處、六界、四聖諦及十二因緣，也都一一否定了。如果我們依著《心經》的程序去理解，真的會摸不著邊，所以必須從整體的佛法去了解。也即是說，先從「有」的角度去分析一切現象，再依「有」而看出它的本性空寂。

就生命的現象而言，我們可以從不同的角度去闡釋它。從偏重心理學的角度去分析，生命是由五蘊組合而成的；講十二處時，是偏重生命、生理的現象來分析；如果是依六界來闡釋生命，那是從比較偏重物理或是色法的現象來分析。這種種從偏重心理、生理及物理的角度來分析生命的現象，乃是假定生命是處於一種靜態，從一個靜止不動的空間角度剖析它。假若生命是處於靜態，它應該是一個組合體，由五蘊組合而成，由十二處組合而成，由六界組合而成。

我們也可以把生命安放在動態中，也就是從空間變遷或時間流轉的角度來剖析它，比如從十二因緣去分析生命是如何產生作用的，包括怎樣造業、感果，甚至說明生命最初的原動力。我們以各種不同的角度分別去剖析生命的現象時，雖然無法很全面而完整性地掌握到生命的實相，然而在剖析的過程裡，我們會逐漸地掌握到生命的種種現象與作用，甚至看出其本質是空寂的。

大乘佛教般若系統的經典，即是以這樣的一種方式來闡釋生命的現象。實際上《心經》已經把空與有的概念，全然融合在一起了。當我們想了解般若系統的經典或者中觀思想時，必須先明白生命的現象是怎樣的一種組合、它如何運作等，然後從這些組合和運作的過程中，看出無常、無我的道理；再依無常、無我的道理，透視出生命、乃至一切現象是本性空寂的。

如果沒有很深細地去思考、分析，我們不容易掌握到佛法的空義；但是當我們去思考、分析時，總是會往「有」的角度去分析，必然落入「有」的層面，因此不容易看到一切現象的本性。大乘佛教後期提出了「真如」的思想，就是以一個比較具體、實在的方式來闡明空義。

我們執著於常的觀念，所以當我們從無常看到生滅的現象，再依生滅而明白到不生不滅時，便說不生不滅就是恆常了。有人說，世間唯一不變的就是「變」。其實世間唯一恆常的就是無常，一切都在變，唯有「變」本身不變！我們從現象的無常生滅提昇，而體會到它的本性是不生不滅，而不生不滅即是恆常，所以無常即是恆常，生滅即是不生不滅。

一般上我們講無常時，認為無常是消極的；假如一切是無常的，修行的意義何在？

其實正因為無常，修行才有意義！大乘佛教提出「真常」的觀念，就是要讓我們能夠比較具體地去思考、分析。真如清淨的思想很容易就讓我們產生一種本來具足的觀念，所以說一切眾生本來就具足佛性；人人皆有佛性，皆可成佛。當這個本具佛性的觀念被提出來時，學佛已不再是趨向寂滅為樂，而是要如何把佛性發揮出來、如何尋找一個恆常，這已經落入世間哲學的建立了。我們把心當作一個個體，讓我們在知識上、在了解上比較容易掌握，修行便有了一個目標、一個方向。我們認為寂滅是消極的、沒有目標的，其實一旦證得寂滅的境界，就是不生不滅、就是實相了。

實際上真如恆常的思想，還是依無常、無我而建立的。比如我們說世間是無常的，也知道每個剎那都是因緣具足而顯現的；每個剎那都是無常的，它剎那在變化著，因此這一個剎那與前一個剎那不一樣。這一個剎那是唯一的，下一個剎那也是唯一的，每個剎那都是唯一的。因為無常，所以每個剎那都不可能重複，也即是說，每個剎那都是當下具足的。這個剎那一過，就是另外一個當下具足的因緣，另外一個生滅的現象，另外一個剎那的生起了。

從時間上看，「剎那」是最小的時間單位；即使是最小的時間單位，也都是唯一的，不可能再重複的。因此，當一個剎那生起時，它在當下那個剎那就是永恆了。我們都在尋求一個永恆，永恆是最長的、無限的時間單位。既然每個剎那都在變化、每個剎那都是當下具足，所以每個剎那都是唯一，每個剎那就是永恆。

禪宗非常喜歡「剎那即永恆」的觀念，當禪師明白、貫通了「當下即是永恆」、「無常即是常」的道理後，他就會積極起來。因為每個剎那都是唯一的，每個剎那都是當下具足的；所以在每一個具足的當下，他都能夠充分發揮它的意義。對他而言，日日是好日！每一天都是唯一的，每一天都是永恆的，每一天都得充分去發揮它的意義。因此，禪師們把很高深的思想、很抽象的理論，轉化、落實在現實的生活上。他們甚至能夠把一個非常高的意境，非常單純、灑脫地就在生活中發揮了。正因為這種動力，使中國佛教不斷地開創。

有一位禪師，當小偷來偷東西時，他竟然給小偷錢。我們會認為這種慈悲沒有智慧，因為我們緣過去、緣現在、緣未來；我們認為對他慈悲就是害他，給他錢就是縱容他。可是禪師卻看到另一面：現在給了他一些錢，至少在這段時間內，他不會再去偷東西了。禪師是非常現實的，他重視當下問題的解決，所以能充分地發揮生命的智慧。

實際上佛法只是從不同角度告訴我們世間的實相，讓我們明白無常、無我的道理。不管是從大乘佛教的空，抑或禪的真如思想，我們都要把它轉化、融入為自己內心的智慧。我們可能會採取一種比較消極的態度，也可能會以一種現實、樂觀的態度；一旦掌握了佛法的中心思想，我們就能夠把它應用在生活的層面上，讓我們的心與行為相應。

明白了世間的實相，我們就如實地觀照一切、如實地去處理一切。當生活上碰到一些煩惱，我們明白它是因緣具足了才顯現的，就不會執著於它；一旦因緣離散了、因緣重組了，它就過去了。同樣的，我們得到一樣好的東西，也只不過是因緣具足了而已，它不會永遠如此，它一直在變的過程中；如果有一天我們失去了它，也不必難過；甚至有一天我們死了，也無須痛苦。

我們無須在現實生活以外去尋找解脫，只要看出世間的實相，就可以把許多錯誤的觀念消除、把許多錯誤的心態消除、把許多不必要的煩惱放下、把錯誤的生活方式慢慢改變過來；一旦徹底淨化了，我們也就解脫了。

（西元一九九四年六月六日至六月十三日第十五屆靜七，講於馬來西亞太平佛教會，林素芬居士整理）

卷二

精進篇

正方法

在修行用功時，如果是朝向正確的方向，那必然是愈趨向修行終極的目標——解脫；反之，若所朝向的不是正確的方向，愈是用功，或許也愈遠離此終極的目標了。因此，要提醒大家，不管是方法上、觀念上或是心態上，都必須正確地掌握，這些都是非常重要、非常關鍵性的。

一、調身、調息、調心，息息相關

開始禪修用功時，最基本的方法是數呼吸。在這之前，先把身體調好；而調身的一些細節部分，必須是在用功的過程中，才能逐漸去把握的。比如盤腿，只有把腿盤起來，才會發現問題所在。有些人不要說雙盤，連單盤也做不到，甚至散盤也盤得不好，這也只有在用功時，才會發現的。腿盤得不好，就必須設法找出問題所在，才可能在用功的過程中，逐漸去調整、改進它。

在用功的時候，對自己的要求也是因人而異的。有些人腿盤得不好，就向它投降，認為隨意散盤也無所謂，能夠坐就好了。一些人雖然認為雙盤、或至少單盤的姿勢比較理想，但是由於腿比較粗，或者胯骨比較緊而做不到，便會用一些方法稍微讓它變鬆，使腿能盤得較好。所以如果你認為身體的條件比較差，但還可以改進，也願意去改進，就要設法做得更符合最理想的姿勢。同樣的，一些很細微的部分，也唯有自己在調整、改進的過程中才會發現。如果能夠持之以恆，假以時日應該可以逐漸把身體的姿勢調得更為理想。

如果姿勢調得比較好，身體調得比較細，對修行是有幫助的。調身與調息、調心是息息相關的；腿盤得不好，身體調得不好，修行的工夫就不太能夠耐久。在調心的過程中，身體內部的氣會被引動。如果你在調身方面下了一些工夫，當氣與心在調整的過程，就能夠產生一種輔助的作用。這些都是在方法上要掌握的。

修行最主要的還是在調心，所以真正要掌握的方法是在調心的部分。比較基礎的調心方法就是數呼吸，也即是把專注的念頭放在呼吸上，然後再去數它。在數的當下，你能不能夠覺察到呼吸呢？能否覺察到自己正在配合呼吸的進出去數它？在數的同時，如果有覺照的作用，即表示你正在用功。如果你在念頭裡感覺到自己在數，有數目字在動，但是並沒有一個很明確的念頭知道自己正在數呼吸，或者隱隱約約知道自己在數呼吸；又或許數是一回事，息又是一回事，這表示你已經不是在用功了，因為你已經失去覺照的作用。

用功最基本的工夫，即是提起覺照的作用。當我們數呼吸時，必須能夠把注意力放在呼吸上，隨著息的進出去數它，每一個數目字都數得很清楚，才是真正在應用方法。假如在數的時候並不是很清楚，注意力也很容易被妄念拉走，表示你已經不是在用功了。我們應用數呼吸的方法來調心，是因為心必須比呼吸的狀態更細，或者至少相同的層次，才可能注意到呼吸而去數它。因此，數呼吸可以讓心調得比較穩定、比較專注、比較深細。

二、把念頭安放在數息上

在調心的過程中，最先干擾人用功的兩個粗顯的煩惱心所法，是掉舉和昏沉。掉舉是習慣性的，是在日常生活中所養成的習慣。比如喜歡胡亂講話是「口掉」，喜歡蹦蹦跳跳是「身掉」，常常胡思亂想是「心掉」。如果平常生活都很放逸、喜歡往外攀緣，尤其經常隨順五根去接觸五塵的意識作用很散、很外放的話，一旦進入禪堂用功時，你馬上會覺察到自己的念頭很雜亂、很熾盛。這些妄念動得非常粗、快且雜，讓你無法專注、無法安靜平和，當然也就無法用功。當此類情況出現時，你無法與它對抗，唯有養成另一個好習慣來取代它。因此，一開始就用數呼吸的方法，把上下起伏不定的念頭拉回來，設法將念頭一直安放在一個你要它安放的念頭上——數呼吸。

在日常生活中，人不可能完全隔離外緣。當五根接觸五塵時，必然會做出反應，這就形成念頭的上下起伏了，是生活形成的習慣。假如你一開始用功就起觀想（觀想其實是在動念），觀無常或不淨，效果不大，而且不耐久。雖然每個人原本就具有某種程度的專注力，開始觀想時也覺得有些作用，不過一段時間後，觀想專注的念頭會逐漸轉粗且複雜化，很容易就被習慣性的念頭——掉舉拉去，而與掉舉的習慣相應了。因此，你以為自己在觀想思考，實際上是循著某一個理路，於是在思考的同時，妄念的作用更強，即使用功很久，工夫仍然無法深入，效果也會很快淡化。

因此，一開始先用數息的方法，非常單純的，就是設法把念頭一直放在數息上。儘管念頭雜七雜八，都不要理會它，也不與它對抗。掉舉屬煩惱心所法，而對抗的念頭源自瞋心，也可能形成一個更強的掉舉念頭。想要對抗妄念，妄念反而會更粗重、更熾盛！

你要一直扣緊在數息的方法上，不管念頭怎樣散漫、雜亂，總是很單純地專注在呼吸上，隨著呼吸的進出去數它。不起觀想思考，不讓念頭複雜化，不讓念頭與掉舉、妄念相應，只是讓念頭單純化，安放在數息上，並設法減輕掉舉的作用，讓心逐漸安止。

念頭跑出去了，沒有關係，覺察了再把它拉回來，安放在數息上；念頭跑出去了，在最快的時間內把它拉回來；念頭跑出去了，不要起懊悔心，不要責罵自己。懊悔與瞋心相應，掉舉加上瞋恚，則妄念會更加粗顯；愈是如此，就愈無法安住用功。

有時候掉舉本身並不是很嚴重，但是因掉舉而生起的懊悔之心（簡稱掉悔，為五蓋之一），才真正是障道法。比如剛才你講錯一句話，當因緣過去了，就無須再去理會，很可能就捨掉它了。可是人往往會在打坐時生起這些念頭，心裡就一直懊惱、難過，用功的心念都被懊悔的作用干擾了。「悔」屬不定法，無所謂好或不好。如果悔與煩惱心所法相應，悔的念頭會干擾用功的心念，悔就成為惡法了；反之，若悔的念頭能讓你生起警惕心，從此不再犯同樣的錯誤，那悔便與善法相應了。這些都是在用功時需要注意的。

另一個會干擾人用功的是昏沉，昏沉也是很粗的念頭。與掉舉不同的是，掉舉的念頭較與貪、瞋心所法相應。意識非常活躍時是與貪心相應，即是說動了一個念頭以後，就一直往外攀，攀得不亦樂乎，一個接一個的念頭，最後編成一個故事；如果一個念頭生起，讓你排斥、瞋恨和惱亂不已，有時會起衝動想要罵人，甚至想去害人等，這便是與瞋心相應了。昏沉則是癡心所的一種，屬於昏昧不明的狀態。昏沉有時與睡眠是否調和有關係，但是睡眠屬於不定法，它是人的身心需要休息的一種心理作用。睡眠是否為善法，須視當下相應的心所法是善或是惡的？所以修定之前，我們要調和飲食、睡眠，也就是設法調和成與善法相應。所謂「勤修寤瑜伽」，睡覺時的姿勢與用心都要調。

三、修行與生活非兩回事

修定修得好，身心會得到某種程度的輕安；睡眠調得好，休息足夠，身體也會感覺輕安的。身心調和輕安，用功時就比較容易提起精神，身體也不會感覺疲困。身體疲困就是粗重的狀態，它一定會影響心理，使心容易陷入昏昧、污濁的狀態，而與愚癡心相應。

在調和飲食和睡眠的過程中，要設法讓其與善法相應，即是吃飯時，能不起貪、瞋、癡；睡眠也保持無貪、無瞋與無癡的心，這才是調和，才是與善法相應。所以調和睡眠並不是多睡；多睡是與貪心相應，睡不夠也很容易與瞋心相應。睡不夠時，虛火上升，脾氣特別躁、火氣特別猛，這就是屬於瞋心所法了。有時瞋心太重、煩惱太多，睡眠也一定調不好。睡眠不調，接下來當然就是大昏沉了，這種種都是「呼朋引伴」一起出現的。

經常大昏沉的人，一定是睡眠調得不好。調和睡眠並不是說現在來打禪七，晚上要睡得好、睡得足夠。如果平常生活沒有養成那種一想要睡覺，心理很快就能夠進入休息的狀態，即使來到禪堂，睡眠也調不好的。而且有些人來打禪七，心情更緊張，怕早上四點睡不醒（與瞋心相應）、怕只睡五個小時睡不夠（與貪心相應），這些都是與煩惱的貪、瞋心所相應，會影響睡眠。睡眠不調，昏沉的情況就會很嚴重。

在禪七期間，昏沉的情況還是會有的。開始用功的階段，實際上是在消耗某種能量；尤其當工夫還未真正內收、心仍未真正專注時，你是用思考的力量去專注在方法上，那是相當消耗腦力的。然而在調整的過程中，心逐漸專注，它就能夠慢慢地回攝、慢慢地儲藏能量了。但是在初學的階段，它一定是消耗能量的。所以一些人在開始用功時，晚上需要比較長時間的睡眠，甚至白天也需要一些休息以儲藏能量，而且肚子也會特別快餓，因此飲食會增加以補充能量的消耗。調和飲食和睡眠並不是一開始用功，就一定要減少飲食、減少睡眠，這麼做反而容易導致身心不調和，所以飲食和睡眠的調和是要適應身體的需要。

假如昏沉並不是很嚴重，就不需用太過對治性的方法。比如身心稍微疲累時，不妨就好好地休息一下。如果你認為昏沉就必須提起來，結果一昏沉便硬撐起來，這是與昏沉對抗。對抗就會產生緊張，不僅生理上、甚至心理上也是。緊張是很消耗能量的，也容易導致更大的昏沉。若是輕微的昏沉，不要與它對抗，好好地專注在昏沉上，它很快就會過去的。有時候在聽課時，覺得自己很昏沉，可以嘗試將眼睛閉上，好好地「掉」兩個瞌頭，讓它過去。又或許發現自己很累時，不妨躺下來大休息，讓身體全然放鬆。也許有幾分鐘是昏睡過去，然而一轉醒時，會發現整個人的身心都輕安了，精神也回復了。一般不是很嚴重的昏沉，可以採取這種緩和的疏通方法。

有些人一上座就昏沉，當開始要專注用功時，身心立即陷入非常昏昧的狀態；即使晚上睡得夠，也還是如此，怎麼提都提不起來。這是已經形成一種非常堅固的習慣——大昏沉，要打破它就很不容易了。這些人來打禪七用功，真的很辛苦，因為他們需要調的時間很長、需要調的條件太多。這種調整就不只是睡眠而已，甚至日常的飲食習慣也要調。飲食不均勻，吸收的能量、營養不夠，必然影響身心，進一步則會影響修行，這也許需要好幾年的時間才能逐漸調和過來。

修行與生活其實並非兩回事，而是息息相關的。平常生活調得好，很自然地在工夫上較容易上路。假如你確定要走修行的道路，就必須先在日常生活上做調整。《小止觀》裡有談到如何適當地調和飲食和睡眠，甚至要訶五欲、棄五蓋。這種種調和，都是用功之前就必須具備的條件。

四、讓心保持專注與沉穩

假如你要往出世間、往解脫道去，世間的一些利益與享受，非放下不可。當然，你不可能馬上把它捨下。希望立即能捨下一切，也許是出自一種厭離心，但實際上內心未必能真正遠離，不一定真正放得下，這是與瞋心煩惱相應的。你需要用的是疏解、調和的方法，逐漸一層一層地把種種世俗的利益放下。

假如你已經養成一種比較粗的生活習慣，又不設法調整它，想把身心調細來用功，不太容易。一旦發現生活的種種惡習，一時不能將它消除，至少要先減輕它，可以培養一個好習慣取代它。修行也是一種習慣，是善性的習慣。在開始的階段，你需要刻意做一些工夫，在不斷地調整中，讓善性的習慣成為自然且有力量。

當你發現打坐時，總是無法把工夫用上去，就必須回到日常生活上去反省，你的生活一定有某些行為習慣是干擾修行的。假如發現自己平時的言語舉止都是很粗糙的，就得設法做適當的調整。平常喜歡講話的，設法把嘴巴閉起來，少說一些話，讓自己在調整的過程中慢慢去體會「不說又何妨」的樂趣；平常動作很粗魯的，一做事時，「全世界」的人都知道，也要調整。你寧可用一個小時，慢慢而很用心地把工作完成，也不要緊張兮兮地在半小時內做好。你利用時間來緩和自己，把緊張的狀態消除，這也是一種調整、一個善性的習慣。這些細節，都是要在生活中慢慢去把握、調整的。

在禪堂用功時，最先干擾人的就是掉舉與昏沉。這兩個粗重的念頭，你都不要與它對抗，只是一直把念頭安放在數息上，保持專注與覺照。假如能夠專注在呼吸上，又能夠覺照自己正專注在呼吸上，隨其進出去數它，即表示工夫一直持續不中斷。在禪堂用功如此，回到日常生活層面上，也能夠保持一定的專注與覺照力。

在日常生活中，你要不時訓練自己，不管處於怎樣的場合，喧囂、煩亂、吵雜中，甚至是熙來攘往中，也不要讓自己的心念隨意散去。當它應該去應對時，讓它去應對，在應對時，自己清楚知道心念的轉動；不需要去應對時，則讓心能夠回攝，恆常保持一定的專注與沉穩。

此外，你可以培養隨時隨地都能夠看書的習慣。身邊經常攜帶一些比較軟性的讀物，一旦覺察心念稍微往外散時，拿書來看，讓散亂的心能夠慢慢回攝、專注；若不看書，也可以把心念專注在呼吸上。我最近看了一行禪師寫的《正念的奇蹟：每日的禪修手冊》，他就是應用這個方法，我也覺得滿有效的。不管何時何地，或是碰上任何事情，假如覺察自己的心念稍微粗亂了，盡快把它拉回來，安放在呼吸上。若呼吸稍微不調和時，立即做一、兩次深呼吸來緩和它。深呼吸的時間較長，所以較明顯，也容易把注意力拉回來，安放在呼吸上。

不管是日常生活，抑或參加密集的禪修課程，我們都要時刻提起正念。平常接觸外塵時，也要讓心保持專注與沉著，或是把念頭安放在呼吸上。能夠經常如此調整的話，一旦進入禪堂用功時，工夫會較快用上。即使心念轉粗了——掉舉或昏沉的情況出現時，也不與它對抗，只是設法調整它，使心念能夠持續在正念上用功，讓工夫凝聚成片而逐漸深細、穩定。

正觀念

前面已經談過方法的應用了，當工夫用不上時，一般上就是煩惱或者妄念比較粗重，我們就要懂得依正確的方法去調和它。假如是掉舉或昏沉的情況比較明顯，那一定是與生活習慣有關係，就不單在用功時要調，連平常的一些生活習慣也要調。若是身體狀況又不怎麼好，那就牽涉到身體的調和了。

我們學會了這些方法之後，如果能夠把工夫用上去，表示身心還不是處於非常粗的狀態，也說明了身心仍然具備能調的條件。我們在不斷地修學調整中，逐漸把身心調得更深細，甚至能夠達到解脫自在。

一、建立正知正見的觀念

在通往解脫道的過程中，方法的掌握固然是首要的，觀念的建設更是關鍵，而且是貫徹始終的。我們必須依據佛法的正知正見做為修行的準則，才可能逐步朝向正確的方向，最終必然證得解脫。不僅是尋求個己的解脫，在修行的過程中，也能夠帶領其他的眾生一同朝往聖道，共同獲得究竟解脫。

學佛修行的最終目標是「解脫」，所以在修學的過程中，我們一定是往出世間的方向去。修學佛法是逆流而上的，因此世間種種會障礙修行提昇的利益，我們必須不斷地淡化、放下；即使無法馬上捨下，也必須學習逐漸把它放下，訓練自己的心能夠遠離世俗種種的欲望。

在朝往出世間的修學過程中，在境界上並不是不斷地得到、擁有，而是逐漸地捨下、脫落。假如我們一直希望得到更多、擁有更多東西，那就要注意了，表示自己的觀念不是究竟了義的，並不是朝往出世間去。

當然在修學過程中，我們還是會得到一些利益，比如身心調得比較細、比較健康，這是最基本的功效。對於這些利益，我們要懂得用一種比較正確的態度來看待它，依正確的方法來處理它；而並不是說：既然佛法要我們離欲、放下，那自己所擁有的一些利益都捨掉不要了。如果這麼處理的話，並不是真正放下，而是以一種排斥、瞋恚的心，一股腦兒把東西都丟掉不要。實際上這是與煩惱相應，並不是真正能夠捨離、放下。

在享用世間種種物欲時，我們是否依循佛法正知正見的引導？我們現在得到這些東西，並不是真正地擁有，只是在因緣具足的情況下，有享用它的權利而已。因此在享用時，要清楚知道它是緣起和合的；甚至包括我們的身心，也是緣起和合，無常、無我的。「諸法因緣生，諸法因緣滅」，有生必有滅，生起的現象有其運作的功能，但總有一天，當因緣離散時，它一定會滅去。屆時我們要以怎樣的心態去看待這個必然的結果呢？我們是否能夠坦然地面對它、接受它、放下它呢？不一定啊！我們總以為自己能夠放下，然而當事情發生時，卻未必如此。

因此，我們要做好準備，如果要朝往出世間去，確定以徹底解脫為終極的目標，就要先建立正確的觀念，即佛法的正知正見。雖然在修學的過程中，我們不可能馬上達到這個最終的目標，但至少有一個比較具體的方向，做為一切行為的準則，讓我們在不斷地修學調整、訓練和熏習下，逐漸朝往這一聖道去。在生活中、在禪修的課程中，訓練自己能夠時時提起正知正見，以此正知正見做為我們所思所行的準則。

二、修行有必然的程序

你是否問過自己：「為什麼要來打坐呢？」很多人知道打坐會得到某些效果和利益，如果能依正確的方法去做，身心會比較健康。希求身體健康並沒有什麼不對，實際上也無法刻意去區分調身與調心的工夫，身心必然是一種相輔相成的作用；身體調得好，心自然也能夠調細，反之亦然。

希求身體健康是世間法，身心調得好、身體健康，是修定所需要具備的條件，所以它可算是善法。假如你再進一步希望身體能夠產生某種特異功能，那與你求感應、求見光、求神通等一樣，都是偏差，都是與外道相應，是與正法背道而馳的。你必須把這種種不正確的要求放下，否則它將成為通往解脫道的障礙。

既然解脫涅槃是最終的歸宿，在修學的過程中，你就必須先調和身心，依它而得定；依定而起觀，從而證得究竟解脫的智慧。從正確觀念的建立，到不同層次的行持淨化，以及身心不斷地脫落，直到徹底圓滿的解脫，這其中有著必然的程序，即「先得法住智，後得涅槃智」。

對於一切存在的現象，你是否能夠很明確地了解、分析它，從其種種分別相中明瞭一切乃緣起和合而顯現的？在修學中，假如你不了解什麼是「我」，就不可能了解「無我」；你不了解五蘊，當然無法證得「五蘊是空」或者「五蘊皆空」。從佛法的角度，你要去了解什麼是有情、有情身心的結構是怎麼一回事、有情生命的運作程序、有情依什麼力量維持其生命，乃至有情生死流轉的動力。從分析到徹底了解這種種現象的實際情況，即因果緣起的必然性、普遍性，才能依之而通達一切法乃無常、無我，而證涅槃寂靜。

很多人在修學上常會出現程序顛倒的現象，每每是未得法住智，卻急求涅槃智。比如在方法的應用上，如果連種種阻礙你用功的煩惱、雜念都不了解，怎麼可能清理它？又怎麼可能投入方法裡去用功呢？你連身心流轉是怎樣一回事都不明白，怎麼可能讓它向於還滅呢？嚮往解脫並沒有錯，但絕不是說你現在打坐，立刻就明白什麼是無常、無我，就解脫了，沒有這回事！

世間一切所顯現的現象，有著種種的差異分別。你必須清清楚楚地了解這種種的差異分別，從中思考、分析與抉擇，而透徹了知其本性乃緣起、無自性、空。必先得分別智，才能證無分別智，這是一定的程序。無分別智不是說你打坐達到某一種定境，都無念、無想、無分別了，那是無記性！你說證得平等無分別智，那吃飯與吃草也沒有什麼兩樣，都無分別嘛！你以為證得平等無分別智，實際上是落入是非混淆、善惡不分的無記性狀態，而不是住在善惡清楚，然後超越善惡的無分別智，兩者是不同的哦！

你一定要依於世間法，世間正見有善、惡，有業、報，有過去、未來，有凡夫、聖者。從世間種種正見的建立與肯定，逐漸看出諸行無常，無常故苦，苦故無我等出世間正見。依世間而出世間的這個過程，必須從「有」先建立起來，從種種緣生的現象（相對相）去掌握，通過修行去了解它、透視它、超越它。

但一般上人往往不是超越它，而是落入「相對相」以下的無記性。假如不依法住智、不依分別智，很容易掉入無記裡。許多外道行者都自以為修到無分別、一切都平等了，喝酒可以，淫亂也可以，甚至殺人放火都無分別了。這是善惡不分，絕對不是無分別，而是無記！

聖者可以包容惡人，但包容並不是苟同他作惡，而是清楚知道他在作惡，了解那人在造惡時，一定是受了煩惱的逼迫驅使，惡念現前之下，讓他造了惡業，所以必須承受這個果報。聖者是同情惡人的煩惱，而不是同情他所受的果報。既然他造了惡業，就應該承受這個果報。同情、包容他，是希望能夠幫助他，讓他自己把煩惱斷除；讓他在面對果報時，不再製造惡性的循環，甚至能夠從中超脫。不是說自己現在證得平等無分別智，別人作惡就沒有關係，就包容他、原諒他，佛陀不是這樣教導的。佛陀是同情眾生造業的因，但是眾生一定要去承受自身的果報。假如有人造了惡業，應該面對死刑的話，就讓他去面對；但是可以幫助他在承受懲罰時，從中得到超脫。

因此，佛教裡沒有像上帝那樣的神，可以赦免人的罪行，讓人不受果報。即使是地藏菩薩也不會如此，他是要幫助人、度化人，而不是說：「既然你信我了，那你要做什麼都可以。」沒有這麼一回事！這是是非不分、善惡不明，是給壞人最好的藉口，這絕對不是佛教的觀念。所以不要以為造什麼惡業都沒有關係，只要臨終時念阿彌陀佛，阿彌陀佛一定會接你過去，以前造作的種種惡行也都抵消了，這是不能如實知因果。

不管是善業或惡業，都一定是緊隨著你。業是否會顯現為果報，要看當下的環境因緣。比如你現為人身，但你以為自己沒有地獄的業嗎？你以往可能造過地獄的業，不過現在得到人身，地獄的業潛伏著不現行而已。假如繼續造作地獄的業，它的果報還是會現行的。即使是現為人身，地獄的業、畜牲的業偶爾還是會現形的。

三、學習時刻調和身心

極樂世界是一個淨土，那裡有著非常好的環境；即使你帶了一些惡業去，也沒有機緣讓它潤生而現為果報，但是惡業還是潛伏著。假如你在這清淨的環境裡不斷地修行，那惡業的力量就會逐漸減輕。這就好比有一杯參鬚茶，你不斷地加水，雖然參鬚的分量還在，但是它的味道相對地淡化了，並不是完全沒有。同樣的，我們現為人身，仍然潛伏著許許多多的惡業。現在修學佛法了，就不斷積極地行善，讓善的空間愈擴愈大、愈廣愈深，那惡業的力量就相對地減弱了。即使惡業現為報，它的力量也大大地消滅了。

只要你能依正見的掌握，懂得明辨是非善惡，在修學過程中，便能不斷地提昇、淨化。當惡報顯現時，你會明白它是緣起和合的，必然會過去，所以能坦然面對而不覺得苦，如此就不會再製造另一個循環的力量。而在受報的同時，即能清理它；在止惡的同時，也建設了更多清淨的善業。

從善惡的肯定，到止惡行善，只要不斷地提昇、淨化，終能超越善惡。不管善業抑或惡業現前，都知道一切是無常、無我的生滅相，而能不為其所動，都能以正確的心態去接受它，以中道的方式去處理它。在生活中，學習時刻調和身心、調整生活方式，不再製造惡性的循環；在修學上，先建立正確的觀念，再通過分析、了解和實踐，最終一定能超脫。若不先建立正知正見，修行解脫將無從著手。

依此正知正見的掌握，必須清淨自己的行為。通過修定的方式，先把心調細至止的狀態，這時即可開始起觀。觀是一種思考、分別的作用。在細心中，要很專精地思考、分析，或從當下呼吸的狀態去觀其生滅相——現觀；或從事相上去追溯其理則；或是提起一個理論不斷地去剖析它。不管分析什麼現象，必然是依據緣起、無常、無我的理則，最終也必然如實證得緣起、無常、無我的法性。一切的緣生現象都是如幻的生滅相，其本質是不生不滅的。屆時的明白不再只是理論上的明白而已，而是一種非常親切、直下的體會，當下見到，不再經過思辨、分別。

從正知正見的建立，直到此正知正見圓滿的覺證，生命即進入寂滅了。無分別智（涅槃智）的證得，必然建立在分別智（法住智）之上。即始於分別智的建立，進而修行提昇，超越種種分別，最後證得無分別智。所以在用功時，觀念的建立及其程序必須清楚地掌握。不如實知分別智，不依於分別智，無法從中超越而得無分別智。

倘若無法清楚看到程序上的分野，在修行上容易落入無記或相似證。有些人進入定境，身心起了某種變化，就以為自己開悟了，一切都平等無分別了，隨心所欲做什麼都可以了。這也許是進入某種程度的定境，但煩惱仍然未斷，絕不是開悟，那是狂禪！

在修學佛法的過程中，我們必須先建立正確的觀念。正見是最先的引導，也是最終的完成。要通往解脫這個終極的目標，必先有正確的知見；然後通過修定的方法，於定境中起觀，從分別智的建立，逐漸達到無分別智的圓滿覺證。

正心態

幾乎每次主持禪七，第一天我都會提醒大家：動機要單純——來打七，只是很單純地想用功修行，如此而已。進入禪堂之後，心態更須簡化，只是全心投入在方法上用功。

許多人即使修行用功了好一段日子，一旦進入禪堂，心態還是有問題。他把許多不必要的意願加進修行課程裡，其中一個即表現的心態。有些人總以為自己是老參，在禪堂裡必然以他的表現為最佳，因此有意無意會表現給別人看。沒有機會的，大家都在專注用功，沒有人會去注意他的。

一、往內觀照自心

修行是往內觀照自心，而不是往外表現給別人看，所以不要來禪堂「表演」哦！有的人總是希望能夠表現給護七看、給師父看，沒有用的。如果是真的開悟了，我或許無法印證他；但是沒有開悟的情形，我一定知道。即使不是過來人，也大概會知道他的情況，所以不要耍花招，不要把這不正確的心態帶進禪堂來。有些念頭非常微細，也許是在不自覺、沒有意識中浮現，進而顯現為外在的動作。行者應當自我反省，一旦覺察心裡動了這些雜念，當下就要調整它，否則它將會形成不正確的心態。

另有一些人則專門與人比較，看到別人無法把工夫用好，成就感即油然生起：「嘿，我坐得比他好！」假如旁邊的人一盤腿三支香不下座，頓時又矮了半截。有沒有這種人？有！總是喜歡和別人比較，甚至還拿別人的進度表來看。進度表只有我在看，批好了再還給大家，連護七也不讓看，你拿來看做什麼？想看別人坐到什麼程度：「哇，他入定了！怎麼我還沒入定呢？」又或許：「唉呀，他這麼差勁，還在腿痛！」別人入定或是腿痛是他個人的事，與你無關。絕不會因為你看他入定，你也跟著入定，如果這樣，那你看到腿痛的人不是很慘！因此，不要抱著這種心態進禪堂來。修行是很個人的事，毋須和別人比長短、爭高下。比較的心態只是徒增自己的煩惱、負擔，表現的心理也是。

每回一上座，你想表現的心態即生起，挖盡心思耍花招，這些妄念很粗、很消耗精力的；你愈是如此，就愈苦惱。當你想要表現比別人好，你需要多少的力量來掩飾呢？尤其是內心並沒有這種境界時，你偏要表現自己很有境界；內外不相應，你會繃得很緊。而且你還得時刻謹慎、處處提防，因為你怕一個不小心露出馬腳，讓別人發現了。也許每個人都在專注用功，根本沒有人會注意你的。然而你的心態卻讓你覺得很丟臉，就設法以一個更大的力量去覆蓋。如此一來，你只是不斷地增加自己的負擔。打禪七原本是要把一些煩惱、負擔消除，你卻在不正確的心態驅使下，非但沒有清理，還不斷地增加自己的煩惱、負擔。心念盡在粗顯的妄念上打轉，怎麼可能將工夫用好、把心調細呢？

在禪堂用功時，這些比較和表現的心態都會出現。往更深一層去探索，你就會發現這類心態源自內心非常深細的煩惱，最為明顯的就是慢心。未斷我見、我執之前，人都會有我慢心，那該怎麼辨呢？你就得時刻警惕自己、經常審查自己：是否又求表現了？有沒有和別人比較的心理？是否覺得自己滿有修行的？是否總覺得比別人優越、比別人高一點？解七出去後，就自以為與眾不同，總要讓別人知道自己打過好幾次禪七，慢心都顯露出來了。

修學佛法切勿落入自覺高人一等、妄自尊大的煩惱裡，而是設法將煩惱、執著一層一層地減輕、放下。有時候一些很細微的念頭生起，如果沒有及時覺察，它慢慢會引生為粗顯的念頭、甚至表現在行為舉止。因此，得時刻反省自己：是否反其道而行，讓傲慢心不斷鞏固、增強？或是知道修行的重要，但要從種種煩惱、束縛中超脫，真不簡單；修行這條路好漫長，佛法如此圓滿高深，自己只懂得那麼一點點，其實算不了什麼。若能依上述這種心態反省，看到別人不懂得如法修行，你會同情、憐憫他，而不會看不起他；看到別人如法修行、精進不懈，你則會讚歎他，向他學習，而不會起嫉妒心。

通過佛法正知正見的掌握，我們可以逐漸提昇、淨化，慢慢地把一些煩惱減輕、放下。反觀那些沒有學佛，或者即使知道學佛了，卻不懂得從何下手、不懂得修定、修慧的人，那不是更煩惱嗎？這就是悲憫心，即如印順導師說的：「不忍眾生苦」，這是生起大悲心的一大因緣。

我們雖然學佛修行了，卻仍然感到生死流轉的逼迫——苦；看到眾生不懂得通過修行以減輕煩惱——苦。自己苦，眾生更苦，那自己更有責任把所修所學和眾生分享，讓他們也來學佛，也能夠通過佛法把苦惱減輕。依於悲憫、同情，當然就要更積極、更用心去推動弘法或是佛教教育的工作。

我們應該常常反省，自己是否有不平的心態？其中一種即是自卑。實際上自卑與我慢是一體的兩面，兩者是互為因果、相互依存的。一般上自卑的人都有慢心，反之亦然。自卑感很重的人，他的慢心也會隨著高漲；同樣的，慢心特別強烈、明顯的人，他的內心也是非常自卑。當他覺得自己很差勁、樣樣不如人時，就會設法抬高自己、凸顯自己。

假如我們有機會好好地往內心看，會發現自己的心常常兩端跑。有時很自卑；有時受不了這種自卑，就設法自我膨脹，即把自己認為不如人或別人看不起的部分覆蓋，拿一些自以為撐得住的部分刻意凸顯給別人看。然而短處、缺點能夠掩蓋嗎？不能的。當一個人刻意凸顯、膨脹自己時，會發現自己其實並沒有這個條件的。意圖以掩飾、覆蓋或膨脹、凸顯的方式來處理不平的情結，有如緣木求魚，終究無法解決問題。

有時候我們真的對自己沒有信心，常常會顧影自憐，不敢以真面孔坦然面對他人，所以出門前得先畫給它黑、塗給它紅、磨給它滑，弄得面目全非了才有信心「面世」！《孝經》中有句話：「身體髮膚，受之父母，不敢毀傷。」磨它、塗它，不是損傷它嗎？因此，尊重我們的父母，生了這麼一副絕無僅有的臉孔給我們，有什麼好自卑呢？從這很細微的部分，就可以看出我們愛表現的心態。

其實每個人都有長處和短處。自己的能力就是這些，不妨發揮自己的長處為大眾貢獻一份力量；但並不是要表現給大家看，只是很真誠地為大眾服務，如此而已。把不正確的心態調整了，許多不必要的負擔也就貼不上來了。

個性比較內向或怯弱的人，自卑感特別重，都是往內隱藏，所以容易傷害自己；而慢心強的人則是對外炫耀，所以容易傷害到別人。也許他並不是故意的，可是他的行為卻可能讓人受不了。如果我們覺得受不了，這正說明了我們也有慢心，才會受不了他的慢心！我們會嫉妒別人，其實也是慢心在作祟。

二、消除慢心，減輕煩惱

貪、瞋、癡與慢等煩惱都是相混在一起的，皆從無始以來恆常在內心活動著，稍不留心覺察，它們就會冒出頭來。若顯現出來的是一般的層次，大家都可接受，且習以為常；但若表現得特別強烈，尤其是慢心，則會讓周遭的人受不了！但不去做這種表面工夫，則不易在社會上生存。現今社會也總是在鼓吹這種假相，不斷地告訴我們，要爭取、要擁有、要多、要大……，所以得不斷地表現自己、凸顯自己、膨脹自己。即使只有三分，也要表現有十分，才可能得到更多、擁有更多；一個人的成就，就靠這種種世俗的利益襯托的。

社會的趨勢如此，我們似乎也認同而隨之打轉。當別人稱讚我們時，就自覺高高在上；別人肯定我們時，就自以為很了不起。我們都是往外看，往外尋求稱讚、尊重以肯定自我的價值，好像變成我們的日子該怎麼過，是由別人的眼光來評定的。奇怪的是，我們在等待別人看我們怎麼活的同時，別人也在等待我們看他日子是如何過！也就是說，在肯定或否定別人時，也同樣在等待別人來肯定自己；沒有外在的肯定時，就以慢心去貶低或否定他人來支撐、凸顯自己，花盡心思、絞盡腦汁，為的只是虛有其表的肯定，看看我們活得有多苦呢？

佛法的修學是逆流而上的。當大家都往這個方向走時，我們要回頭看看這個方向到底對不對？這個潮流要帶我們往哪裡去？當我們回頭一看，會發現隨順此潮流無止息地滾下去，將累積更多的垃圾和苦惱，承受更多的包袱和壓力。

我們要往自心問：「是否需要別人尊重我、關懷我、稱讚我、肯定我？」若是，那是心態上的問題，是從煩惱的慢心衍生的。覺察到這些不平的情結心態，我們要正視它、調整它、消除它；至少在這個禪修密集課程裡，盡可能先克服它。你只是很單純地來用功，不需要表演給別人看，不需要和別人比較，也不需要別人來肯定自己，更無須去否定別人。別人坐得好，那是他的事，自己只要很專心地把工夫用好；若是方法用得不好，可以請教師父，慢慢而有耐心地把它用好。在禪堂裡如此不斷地訓練自己，回到日常生活的層面，也能逐漸地把這些心態減輕。

我們不太可能馬上將慢心消除，但至少從行為的顯現，可以覺察到它是源於哪一類的煩惱？開始的階段，我們必須先把心調細，至少要調到與煩惱相同的層次，才可能看到它，然後清理它。若以一般心理活動的層次，我們似乎不可能覺察到更深細煩惱的運作，因此得先調心，讓它變得深細；而後觀照自己的心念，常常往內心追問：「我的心裡到底在想什麼？為什麼會顯現這種行為呢？」若不斷地往更深處追溯，將看出是源於我慢。從心態上覺察到慢心，也從心態上盡量減輕、降伏它。短期的密集修持課程是如此，長遠的修道過程也是這樣。

在朝往解脫方向的過程中，我們應該是不斷地減輕煩惱，而不是累積更多的負擔；我們要不斷地看清問題、解決問題，而不是製造更多、更大的問題；我們要逐漸地捨離、放下，而不是繼續地得到、擁有。假如是朝向一個不斷把自己抬高的方向，那就要注意了，這種修行的心態是有問題的。

修道有不同的發心。智者大師的《釋禪波羅蜜》談到發菩提心才是最純正的，當然發出離心也是對的，最怕的是發世俗心。智者大師將其中一種發心歸為發天魔心，即有很強烈的權勢欲望，總喜歡站在最高處指揮及控制人：「你們都是我的子民，你們都得聽我的！」放眼縱觀，歷史上許多的獨裁者，不都存有這種心態嗎？這是慢心不斷地顯發、滋長，即與天魔心相應。

當我們做了一些善事，這種心態尤其明顯。也許最初的動機是很單純的，可是隨著善事的增多、增廣，內心無法跟著提昇，或淨化工作做得不足時，慢心非但沒消除，反而更高漲！

倘若所做的是比較廣大而讓別人可以實際看到的善事，社會輿論等都會稱讚。一旦外在的稱讚超過個人內在的修養時，很多問題也隨著引生了。也許你真的做了一些善事，然而當稱讚超過你的修為時，實際上你並沒有「條件」承受如此大的榮譽和稱讚，而你卻得到了，那很危險的！

三、反省自覺，捨離物欲

一般上我們能夠看到的都是表層的部分，許多比較內在、深細隱藏的部分則不易被發覺，因而榮譽、讚美往往言過其實。假如缺少反省自覺，看不清自己的局限與不足，就容易迷失自我，讓內心潛伏深細的慢心冒出頭了。依唯識學的角度看，與第七識相應的四種煩惱（四無記根），即我見、我癡、我愛和我慢，實是最深細、頑強且難覺察的。

我見與我癡屬癡心所，即無明。無明並不意味什麼都不懂，而是擁有世智辯聰卻不分是非、不明事理、不信因果等。我見是強烈執著自己的見解、看法等錯誤知見，我癡則屬較昏昧的狀態；所以要先建立正確的知見以破除我見，斷除我見者即證得涅槃解脫。

開始修行時，正確觀念的建立是最為關鍵而首要的。行者依正見不斷地思考、觀察，逐漸將錯誤的知見減輕，慢慢把個己執著的成見放下。一旦我見徹底斷除了，我癡、我愛、我慢等煩惱也會隨之慢慢淡化、斷除。否則我癡、我愛、我慢都那麼粗重，怎麼可能斷除我見呢？

我見是一根本煩惱，我愛、我慢、我癡皆由它而衍生，它們之間的關係猶如樹根與枝葉。一般上枝葉茂密的樹，其根必然很深，而不易將它拔除。在佛陀時代，許多弟子一聽到佛陀闡釋緣起無我義，立即覺悟。這是因為他們之前的準備工夫充足，在修道過程中已將我愛、我慢減輕許多了，有如瘦小的樹，一砍馬上就斷了。

我們呢？百年老樹，根深蒂固，要馬上將它連根拔起不太可能。除非是採用禪宗那種很猛烈、很毒辣的方法，封逼行者所有的思路，讓他當下斷除我見，但這需要很大的力量、很高的智慧才可以。

一般上我們採用比較溫和的方法，盡可能先清理較表層粗顯的煩惱，再慢慢地追溯到更內在而深細的根源。因此在觀念上，先建立正確的知見以減輕我見、我癡；而方法的應用則為對治我愛，在生活中盡量捨離種種物欲，逐漸淡化染著、貪愛；在心態上，更應做適當的調整以減輕卑心、慢心。

在修學過程中，我們不斷地在觀念、方法及心態上做調整，身心也不斷地脫落，煩惱逐漸減輕，內心益加充實自在。但自在並不是放逸！放逸是隨欲而為，相等於濫用自由，很多時候是與煩惱相應的；自在則是不受種種煩惱的束縛，有所為也有所不為。

修行的道路是長遠而持續的。所以從方法的應用，到觀念的建立及心態的調整，我們必須做到時刻提起正念，捨離物欲、斷除煩惱；從較表層，逐漸到內在深細、頑強的部分。若能如此不斷地調整、用功，內心將愈趨向清淨自在，修行也愈趨向圓滿，最後必然朝向終極目標——涅槃解脫。

正覺照

你是否曾回想過自己第一次打禪七時，是以怎樣的心情或心態參加的呢？或者追溯到更前的階段，你為什麼要學禪坐呢？有些人僅是為了好玩而已，有些人則是以渡假心情而來。

實際上參加禪坐課程的人，動機皆不盡相同。此類課程並不像大專佛學生活營，禪坐是被編排在生活營課程內，所以參加者儘管不喜歡，也非打坐不可；當然，也有人是專為學禪坐而來。

一、無知容易造作惡業

我曾經舉辦過約百人參加的禪坐班，第一堂課的出席者很踴躍，接下來的人數則是每況愈下；到最後共修時，僅剩寥寥幾人而已。至於一些要特別申請假期、安排時間，且需要付費的初級禪坐課程，參加者又是以怎樣的心情來呢？

假如你覺得自己學佛已經好一段日子了，在理論上懂得滿多的，在生活上也實踐了一些，但要進一步用功、想深一層去探討佛法時，卻好像沒有力量。在看一些比較深奧的佛書時，思考上總是有所阻礙；對一些較深而需要領悟的理論，也總是無法契入體會。於生活中，當煩惱現前時，仍然苦惱不已；明知道是善行，卻提不起力量去做，這時就覺察到自己的心力不足。

而在盤腿用功時，雖知道方法就是專注緊扣呼吸而已，卻也無法勝任；知道腿痛是緣起性空，只是當下的感受，並不緣過去，只有盤腿時才痛、沒有練過的腿才痛……，這些道理都想得通，但是往往在關鍵時刻，心力就是無法提起。

唯有經過訓練的心，在生活中實踐佛法時，才能比較得心應手；在理論的掌握及思考、分析時，才能夠融會貫通；而一些需要領略、體會的義理，也較易契入。

倘若我們覺察到自己的不足，不管是在生活上的實踐，抑或理論上的思辨、剖析，覺得必須運用一個方法來訓練自己、調整自己、加強自己的心力，以達到提昇、淨化之效，而又發現這一方法非止觀法門莫屬，若因此而來學習禪坐止觀法門者，因為是發自內心的覺察，是內心逼切覺得需要改進，會特別有力量而能持之以恆。

如果不是發自內心的覺察，純粹是人云亦云，因為別人說打坐好，有助於身心健康，所以也來湊湊熱鬧，那是沒有力量的。因為信心不足，一旦腿痛、工夫無法用上時，內心便會煩躁，很容易就起退心而打退堂鼓。因此，覺察自己需要改進是修行很重要的關鍵。

我們的內心存在著種種的煩惱、迷惑，所以無法提起覺照，學習禪坐是為了對治或減輕這種迷昧的狀態。它是一種深細、潛伏的煩惱，也可說是一種無知；無知並不是什麼都不知道，而是對宇宙世間有錯誤的知見。無知本身並不一定是惡，但很容易導致惡業的造作。比如歷史上的一些領導者，所作所為雖以國家、人民的利益為前提，但是因為無知，往往一個決定就是一場浩劫！熱愛人民，卻陷人民於水深火熱中。

二、生活中處處皆可提起覺照

無知、無明屬無記根，為極深細的煩惱。在對治無明狀態之前，得先覺察問題所在。比如對治愛染，得看出什麼是愛染、得覺察因愛染而產生的種種障礙與干擾等。經典中把愛染形容為渴愛，有情——特別是人類，對於外境的染著，有如一個非常口渴的人，很迫切地想要喝水，即使身邊沒有水，想喝水的欲望卻是非常強烈的。

我們的內心存著許許多多的欲望，已經顯現出來的，比較容易覺察到；而一些極深細、強烈的，往往無法覺察而忽略它的存在。未覺察到，也許是還沒有遇上足以燃起此深細愛染的外境或對象，比如在某個機緣裡，碰上一個讓我們非接近不可的人。熱戀中的男女，對此特別敏感，總是為了對方牽腸掛肚、失魂落魄的；見不到對方，看看照片、聽聽聲音就很滿足了。此種心境，在文學作品裡常有描述，比如「一日不見，如三秋兮」、「才下眉頭，卻上心頭」等。這種男女之間互相產生的欲望、愛染，欲界裡尤以人類最為明顯且強烈。

有些人看到別人陷入熱戀中，會很不以為然，甚至不屑地說：「我才不會這樣呢！」說這種話的人，一定還沒有戀愛的經驗，所以能「旁觀者清」；而熱戀中的人，當旁人受不了他們卿卿我我的動作時，卻往往樂在其中，這是「當局者迷」，已全然失去覺照了。而所謂的旁觀者，若有朝一日也陷入其中時，同樣會失去覺照，表現「失常」，也許還是被轉得最快、最厲害的一個呢！

此外，我們也會對其他事物產生強烈的愛染，尤其有某些喜好、興趣的人。比如有人看到一把好壺，當下的心念想：「太好了！最好能夠擁有它，否則欣賞片刻、把玩兩下也滿足了。」此愛染的心念是非常深細的，當下念頭生起時，我們是否能覺察到呢？

無明的深細煩惱經常左右著我們的心念，進而左右著我們的生活。將它歸為無記根也的確很有意思，因為當它生起時，我們往往渾然不覺。一般上我們都是處於迷昧的狀態，很少覺照到當下實際的情況。而這無明、蒙昧，實是生死流轉最大的動力！

我們對自我的執著是根深蒂固、習以為常的。一切有情身心的活動皆不離此自體愛，任何一個念頭、一個動作、一句話，皆從此出發。

我們大都有自己的主張、看法，或許對一些理論、思想也能夠掌握得相當好，甚至可以娓娓道來。然而我們所依據的知見是否正確？是否符合事實真理？許多時候，我們會不自覺地落入我見中，總以為自己的道理更符合真理；總覺得自己的這一套才對，別人的都不對。如此，覺照的作用便無法生起，皆以種種我見、執著在處理生活的一切。這是屬於知見上的無明，所以不易顯現為煩惱，而我慢、我愛較明顯而易現為煩惱。比如一句話講出口，旁人都聽出話中有刺，這是源於自讚貶他的心理。然而在講的當下，我們是否能夠覺察到這是慢心在作祟呢？又或許某些行為是與愛染相應，我們也無法覺察到？

在整個修學的過程中，覺照的作用是首要且須貫徹始終的。打從踏入佛門，到對生命的探索、對生命產生種種疑惑與困擾，皆因覺察的作用而生起。而後更深入地覺察到自己的不足、覺察到自己的問題在哪裡，因而生起要學習止觀法門，再進而參加密集的修行課程。也清楚地知道非靠此專精的修行法門，很難安頓身心，更不用談深入佛法、提昇淨化，乃至解脫自在。若能依此內在深細的覺察而修學止觀法門，將較有力量且能持續不斷地用功。

從佛法的角度來看，每個人的內心裡皆有此覺照的作用，即覺性或佛性。人人皆有佛性，然而此覺性、佛性是否發揮了作用呢？實際上生活中時時處處都有機會讓我們提起覺照，所以每個當下都可能是一個轉機，端視此覺照的作用是否生起？佛法時刻在幫助我們提起覺照，而修行的方法更是如此。

三、攀附事物源自內心愛染

一般上我們都停留在比較表層的意識，即當六根接觸六塵時，若依此層面去接受訊息，進而相信、實行，其力量不大。依唯識學角度去分析，無記根的煩惱隱藏在第七識，故從第六識生起的覺照無法覺察到第七識深細煩惱的存在。

當然，我們還是依第六識起修；若覺照的作用一直停留在第六識，因其力量薄弱，無法透入第七識把煩惱斷除。因此，得不斷地加強此覺照的作用，讓它深入至第八識；從第八識生起的覺照力量就很深細，而能勘破與第七識相應的無記根煩惱。

經典裡雖然沒有直接闡釋三不善根與四無記根，卻已透露出有情流轉生死的根本煩惱為無明。後來論師們整理出更有系統、條理的解說，從無明而列出三不善根與四無記根。三不善根即貪、瞋、癡，四無記根則為我見、我癡、我愛、我慢。

論典或佛書中，雖有許多三不善根與四無記根的闡釋，但我們往往只是「依樣畫葫蘆」地理解，在解說貪、瞋、癡時，盡在粗淺的層面發揮，停留在一般五根接觸五塵所做出的種種反應。當然，這也屬貪、瞋、癡，但因已顯現為一種行為，所以是表層的。行為不可能突然憑空顯現，它必由一個更內在的煩惱驅動而引生的。我們是否能從行為的顯現，覺察到更內在深細的引動力呢？

如果單從已顯現出來的表層部分去斷除，充其量只是治標而已，並未徹底解決問題。因其根未斷，煩惱仍會被挑動而引發。比如學佛修行了，開始要減輕愛染心；但若只是在生活表面上去減輕、在形式上去改變，並不是究竟的。

像平常喜歡發脾氣的人，現在知道不該如此；當外在因緣觸動了瞋心時，就以強忍的方式壓抑。但此強忍非佛法的安忍，所以無法將瞋心減輕，反而可能因為壓抑而更加強它。事發時應該去追究更內在的原因，為什麼別人一句話，就讓我們大發雷霆？是講者有問題？或是話中有問題？抑或聽者有意呢？那句話是否恰好刺到我們內心最隱私的部分呢？如果沒有往內心深處去追究、剖析，當然無法減輕或斷除煩惱了。

有些人的我慢心頗高的，學佛後知道要將它降伏，就盡量表現得很謙虛、客氣。但只試圖從外在的形式去減輕，而不是從內心去斷除，一旦被外緣觸發時，就會一發不可收拾了。

若只是在表面上去壓抑、在形式上去隔離，而期望能夠斷除煩惱，必定不能實現。

也許在開始的階段會有一些效果，卻不會長久。比如斷食，斷食的過程是設法減輕自己的欲望，過後的補食期是逐漸增加飲食量，並不是七天斷食，然後一餐內吃盡七天未吃的食物。如此即為壓制，可能使腸胃無法消受而導致更大的禍害。

我們對種種事物的染著、攀附，實源自內心的愛染；必先覺察到這深細的煩惱，知道問題出自哪裡，才可能從中去減輕它。若只是在形式上去斷除、在表層上去下工夫，會不得要領。當然，它還是有一些作用，即表面上看似有調整，但其根本煩惱依然存在。即使覺察到此深細的煩惱根源，也不可能馬上將它斷除，但至少從對外在的種種攀染、從一些對外的反應中，能夠看出更內在深細的問題，再從那裡下工夫、做一些調整。在不斷地提高、加深覺照的作用，便能夠在煩惱未顯發之前，就看出它更內在的原動力，而能夠較有效地疏解它、減輕它。

四、保持定時定量的用功

開始修學時，一般上能夠覺察的都是比較表層粗顯的部分。比如看到冰淇淋好想吃，若能覺察到貪念的生起，算是不錯了，至少已經知道外緣觸動了自己內心的煩惱，這是最基本的覺照工夫。有此覺照，才能更進一步去處理、減輕煩惱。

面對生活時應該提起覺照的作用，打坐用功時也應當如此，即時刻保持正念。正念其實就是不斷地保持覺照的作用，不管做什麼事，甚至念頭在轉動時，也能夠覺察到；否則就是失念——失去覺照的作用，而與煩惱心所法相應。

打坐用功時，我們最初採用的是數息法，首先必須能夠覺察到呼吸；若無法覺察到呼吸，則無從用功。若掉舉或昏沉的情況很嚴重，將無法提起覺照的作用，當然也不能把工夫用上了。我們去注意呼吸，是因為呼吸一般上比經常往外攀緣的心稍微細，所以先把心放在一個較細的動作上（呼吸也是一種動）去調它；能夠覺察到呼吸，再進而去數它。數的作用是要提醒你：你在專注呼吸；數是另一層的覺照，若數目字不見了，表示覺照的作用便失去了。

若一開始就只是專注在呼吸的進出而沒有數，這是比較細的方法。如果心仍未住得那麼細，則很容易失去覺照；甚至失去了覺照也不知道，這離用功就更遠了。如果在專注呼吸的同時也去數它，即使失去了覺照仍然有一個數的念頭會提醒你，讓你能在最短的時間內把失去的覺照作用再拉回來。

當工夫用得純熟，能夠很清楚地數息時，就不再需要此提醒的作用了。數的念頭變得較粗，所以能將它放下，只專注在呼吸的進出，即是隨息。在這隨息的階段，念頭一定是放在呼吸的進出上，但是清楚地覺照著。不管呼吸是快是慢、或長或短，皆能清楚地覺察到心是平穩而有力量的。

當止的工夫逐漸穩定，心很自然地不再想攀附別的東西，甚至連呼吸的進出（很細微的動）都放下。心平靜了，安放在一個非常微細且抽象的意念上，屆時覺照的力量會慢慢再轉細，而後進入定境。從止到定的過程，是自然而無須加工的。

在整個修行的過程中，覺照的作用是最重要的，而且必然是貫徹始終的。一開始，我們因為從內心生起一種覺照的力量，知道自己非修行不可。在過程中，也是不斷加深覺照的力量。而用功時，因為第七、第八識太深細，不能即刻依之起修，所以我們是依第六識起修，讓覺照的力量不斷深入而逐漸轉入第七、第八識。實際上第六識對內執持第七、第八識，對外則支撐前五識，其作用實是一個中樞點。

從唯識學的角度看，我們依第六識起修，再逐漸將它轉為「妙觀察智」，即把以往種種煩惱的作用調轉為能夠覺照的智慧。因為是「妙」，必然恰恰與佛法相應。要提起此觀照的作用，必須先將身心調細，從外在的調整慢慢深入內心去。若能逐步調轉第七識的無記根煩惱，第七識便轉化為「平等性智」了。有「我」在，絕對不平等，因為有「我」，所以有對立；一有對立，即不平等了。因此，得把種種的「我」與「我所」斷除，才可能與第八識相應而得解脫自在之境。

在禪修用功時，就是先將心調細；進入止靜之後，再去觀察內心種種的念頭。它的程序一定是從粗顯的，慢慢地調到深細的部分；從比較表層的，逐漸進入深層去。如此這般不斷地深入，能夠覺察到不同層次的煩惱；必先能夠覺察到煩惱的作用，才有辦法去調整、減輕它，甚至清理它。因此每一支香，都可以反問自己：「我的覺照作用在嗎？」這種反問正是一種覺察，而方法的應用也是讓我們提起覺照的作用，讓我們能恆常用功。

在日常生活中，也要保持定時定量的用功。時間一到，就提醒自己要用功；或者有空就把腿盤起來，盤腿的姿勢也是在提醒自己要專注；發現心稍微粗了，馬上覺察而拉回呼吸上。假如能夠時刻保持覺照的作用，就比較容易覺察煩惱的生起，進而能減輕它、清理它。

每一個有情的內心裡都有此覺照的作用，修行就是要讓此覺照作用徹底圓滿地發揮其功能，即成佛了。

正觀想

在開始用功的初步，我們先數息。但數息的念頭常常被拉走，掉舉、昏沉等情況較明顯，容易感到苦惱和煩躁。儘管如此，仍然要專注在呼吸上去數它，逐漸把工夫用上了，就能夠清楚地數息、隨息；直到心調到比較細時，即進入止的狀態。這時也有苦惱，因為止了以後，心似乎很空洞，不知道下一步該做什麼？

一、止觀雙運，智慧方現

開始進入止時，一般上工夫還不是很穩，心還是有所攀，還會動一些念頭。當念頭轉動多了，心又轉粗，呼吸也粗了，只好回到數息上，讓心再逐漸調細。當心能夠安止在一境上，慢慢地便能夠深入定中。但就佛法而言，這仍然不足，因為佛法強調智慧的顯發，若光有止而沒有觀，智慧不一定顯發；唯有止觀雙運，智慧方能體現。所以在佛法的修學裡，必須依止而起觀：從事相上去觀無常、無我，理論上則是觀緣起。

一般上我們是依第六識較表層的作用來思考，思考實際上是在熏習。但若只是停留在一般的思考，則熏習的將只是較表層的部分而無法深入。其實煩惱是從更內在深層的作用引發的，因此粗顯表層的熏習作用當然無法對治這深細、頑強的煩惱。

不同層次的思惟，有其不同層次的障礙。散亂粗動的心因雜念多、專注力弱，所以思考障礙大。即使常常思考，也無法往更深一層去突破，當然就不能對佛法有更深澈的體會了。因此，我們雖然閱讀佛書，也經常思考佛法，然而煩惱出現時，卻沒有力量淡化它，乃至消除它。因為煩惱的力量遠遠超過一般性的思考熏習作用，得先把心調細，才能起觀想思考。深細的心穩定、專注而有力量，思考時就比較容易掌握及貫通，平時思考上碰到的一些障礙，此刻也能夠慢慢地通達、突破。

依據佛法的修學來看，能夠斷我見的定力，其實是相當深細。假如依四禪（根本禪）起觀，思考的力量就很強。經典中也講到可從「七依定」起觀，七依定為初禪、二禪、三禪、四禪、空無邊處、識無邊處、無所有處。除了非想非非想定外，其他七種定都能夠發慧。定境愈深細，所證的智慧愈趨圓滿。比如依深定證無漏慧者為俱解脫（心解脫），在修定過程中，已將種種的愛染習氣清理了。

有些行者較注重修慧，而定與慧實是相輔相成的，所以很專注地閱讀經典也能入定；很專精地分析緣起、無常、無我義，也能入定。也許在這極短的入定時間內，就把我見、煩惱斷除了。這類行者（慧解脫）或許在生活上還有愛染的習氣，但因其根本煩惱已斷，要斷除愛染也不難。

雖說不須依很深的定就能起觀而發慧，但若沒有一定的專注力，很難期望能依之發慧。一般上認為至少要得未到地定，才能夠斷除煩惱。未到地定覺觀的作用較明顯，進入初禪、二禪，覺觀的作用就比較深細了。

初禪屬色界定，許多欲界的愛染都已捨離、放下了，但煩惱仍未斷除。在家人要修到初禪不太容易，不但需長時間的修習，而且要很有耐心，在生活上也已經能夠遠離世俗的欲望及欲求。我們在欲界用功，欲界煩惱重，有很多對五根能夠產生誘惑、往下的拉力。修定是厭下欣上，所以在修行用功時，往往感覺力不從心；心要往上一著，就有一股往下拉的力量。

儘管如此，我們還是可以通過一些方法的應用，逐漸去調整、適應。比如生活上捨離一些比較粗重的物欲，慢慢地減輕、放下貪愛染著。這種隔絕的方法，對修定能起一定的作用。

二、去除煩惱，清淨心自現

根據止觀法門的修學，我們一定要讓心先靜止後才起觀，所以用功的程序是先數息、隨息而止息。當工夫不斷用上時，五根的作用將逐漸往內收，開始時還會聽到一些聲音，慢慢地好像隔絕了，甚至連根身的感覺也減輕了。即使腿痛，也似乎是很遙遠的事，這時就可以起觀了。

隨著呼吸的進出去專注，屬於比較中性的方法。當我們把它轉為觀時——現觀，就不是觀呼吸的進出，而是觀其生滅相。這需要理論基礎做為前導，即緣起、無常、無我的法則，藉此方能依當下的狀態起觀想，否則觀呼吸的生滅與觀其進出都還是偏止的。

開始起觀時，定力仍不是很深厚，觀的念頭容易被拉走。實際上能觀的作用，必須能夠依著所要觀的對象去剖析、分辨，當念頭被拉走時，能觀的作用已不在所觀的境上，也表示失去覺照作用，不在用功的範圍了。這時宜再回過頭來，重新數息、隨息、止息。如此周而復始，讓止的工夫逐漸加強、穩住，再依之起觀，觀的力量就會較穩而不會隨意被拉走。

我們平常在理論上分析無常時，它不那麼親切；現在依當下呼吸的進出觀生滅時，就比較能貼切地了解、體會無常：「哦，原來無常就是這麼一回事！」無常是無時無刻不在發生著的，無常即不斷地變化。在無常的運作過程中，從而知曉有生必然會滅去，對緣起法則就有了更深一層的體悟，但這仍是偏止的。當止的工夫慢慢加深時，身根的作用更內收，息相也會愈轉向微弱，這時即可轉為觀念頭了。

在觀念頭的過程裡，可覺察到兩個作用：一個是能觀的作用，即守住；另一個為所觀的作用，即法塵。當法塵在轉動時，能觀的作用很敏銳也很穩定地守住在轉動著的法塵。開始時，能觀的心能夠清楚、明顯地看到所觀的對象——念頭在轉動，若守住的心能不動而穩住，念頭會慢慢轉粗，最後放下它；緊接下來的念頭又慢慢冒出來，開始是模糊不清，漸漸地轉為清晰，然後再轉粗，最後又將它捨下。從模糊到清楚、至粗顯而放下的過程中，能觀的心不斷地深細而內凝。

當一組念頭從冒出而滅去，其過程一定是始於模糊，終而清楚、明顯後放下。能觀的作用若能專注而穩定地守住，會看到另一組更深層的念頭慢慢冒出來，從模糊至清晰、至粗顯、至放下……。這種屬於守住的方法，即不斷讓心住得更細、更內收，源自後期佛教以修心為主的修定思想。即以眾生本具佛性的觀念為前提，說明我們的心性本來清淨，這顆本來清淨的心是主，我們要守住它；而種種的雜染、妄念都是客塵，只是攀附的作用，最終它必要離去。修行時就是不斷地讓能觀的作用穩住，然後慢慢地深入，把一層一層的雜染、煩惱剖開放下，直到能讓最內在的清淨心顯發。

這種確定眾生本具如來清淨心的觀念傳入中國後，出現了禪宗的一種修行法門——默照禪，此禪法也盛行於日本。所謂默照，類似止觀，或曰止觀雙運，或曰默照同時。默即守住不動的作用，照即覺照的作用。這顆如如不動的清淨心必然具有覺照的功能，比如從內心最深處生起覺察，知道自己有所不足、知道自己的煩惱粗重，所以必須修行才能解脫生死，通過修行才可能成就佛道。這種最深細的覺照原是每一個有情本具的，關鍵在於如何讓此覺照的作用生起，清清楚楚地照見每一個念頭。在覺照的當下，心是穩住不動的，所以稱為默、定、止；然而在不動的同時卻能清楚照見一切，也稱為定慧等持。

在修行過程中，只要穩住不動的心恆常保持覺照的作用，種種的煩惱客塵將會一層一層地脫落、清理。修行猶如提煉礦石一般，礦石裡摻雜著許多的礦物，所以開採時必須先將種種雜物清除，最終只取其精華，即純正的金質。

我們確定礦石裡有金子，才用種種方法把層層的雜質清除，取得金子。提煉金子如此，修行也是如此。即在觀念上先確定心性本來清淨，而這本來清淨的內心具有覺照的作用，我們才可能依之修行，把層層包圍著它、從無始以來與它結合一起的煩惱客塵清除，讓最清淨的心顯現。

三、能觀與所觀

當心不斷地往內更深入時，種種粗顯的煩惱會脫落。所謂煩惱，並不是有一個實體的東西，而是一種組合體組合而成的念頭。當它生起時，會干擾而讓心粗亂不穩定。比如一個貪念生起，它是否會產生干擾呢？不一定。當心住得比較細、比較穩定時，較粗的貪念不會成為干擾。我們可以試試看：當心稍微穩定時，刻意生起一個較粗的念頭，若心很快被拉走，表示工夫不沉穩、心不夠細；反之，若心很細、很穩，則不管生起的是貪念或瞋念（屬於較粗的煩惱），深細的心仍不為所轉，所以它一生滅就過去了。

平時心稍微散亂時，一旦貪愛、染著的心生起時，總是有一股渴求、衝動的心理；在其驅使下，心即隨之而轉而動。心被此惡性作用干擾了，就會造業而形成一惡性循環。若心專注而內收了，雖然五根仍然接觸五塵，但深細的心能夠了別而放下這種種粗顯的五塵，種種平時靠它給予滿足的也都不成為欲了，所謂的五欲就不會產生作用，當然煩惱也就貼不上來了。所以在過程中，就是不斷地淨化身心，雜染的就放下它，讓它過去；守住的是清淨心，讓內心最深層的如來清淨本性徹底顯發。這種觀法較偏重於止定，重點在於心的修練。當心調得比較細時，我們可以依這種守住的方法，讓心一層一層地深入、淨化，然而這需要提起相當大的力量，止的工夫必須很強方能契入，否則能觀的作用很容易被拉走。

另外一種觀法則採取不斷追問的方式，當心稍微止靜時，就直接觀念頭的生起，追問此念頭從何生起？漸漸地就會看到原來念頭是從能觀的作用生起來的，所以往能觀的作用看，到底能觀的作用是什麼？慢慢地能觀的作用，就變成所觀的對象了。從所觀的方向再去看能觀的作用是什麼時，能、所的位置又對調了，所觀變成能觀，而能觀則變為所觀的對象了。在不斷往更深層追究時，能觀與所觀一直互動、交替著。在這過程中，能觀與所觀必然層層深入著；剖析到最後時，發現沒有能觀的作用，也無所觀的對象。實際上能觀的作用與所觀的對象，都是相對而立、同時生起的，所以所觀的對象若是空的，能觀的作用當然也是空的。這種直接去觀念頭的由來，追溯到最後，發現能所泯滅、能所雙亡，即證空性。

除了上述兩種觀念頭的方法外，還有一種觀法是依據一個理論基礎去思考、分析。當心稍微止靜時，不去理會念頭的生起，也不去觀它，而是提起一個理則，很專精地去思考、剖析它。因為有一套理論做為依據，在觀想、分析時就可依循著一定的次序，層層地深入去剖析。在觀想某一理則時，不妨先設立一個較小的範圍，否則範圍牽涉太大、太廣，不易掌握，而且觀想的心容易被拉走。

當心較專注時，便能夠更深入地去剖析，平時無法突破、理解的部分也能豁然了知，甚至可以旁通其他理論。此類觀想、分析某個理論的方法，可以幫助我們建立一套較完整的思想系統，不管在教學上或寫作上，都能夠起一定的作用，也比較容易融會貫通，然而在運用上也許並不那麼直接明顯。因此在生活中，必須常常提起佛法，或無常、無我、緣起性空的觀念（提起表示還是外在的，仍未融入生命中，成為生命的一部分）。

至於直接從念頭的生起去起觀者，在生活中較易切入去觀照，但是這需要很強的覺照力量，在不斷地覺察、觀照下，讓心敏銳而穩住。也正因為是直接從念頭去清理的，所以理不出一套很完整的思想系統，依不同的觀想方法，就會出現不同的效果。

一般上開始用功時，基礎工夫都是一樣的，即數息、隨息、止。到了觀想的部分時，在方法的應用上就會有所不同，但所依據的必然不離緣起法則，而最終所證悟的也必然是緣起性空。在觀想的過程中，此緣起法則是外在的，是所觀的對象從外在逐漸透入其中；最後能觀的作用則是依緣起而建立的，即能觀與所觀已經融會、統一了。屆時緣起深義已轉化為思惟的整體，在應對外在的一切事理，也必然是依於緣起正法。

我們現在仍要思考、仍須起觀，才知道無常、無我；一旦證悟了，當下就看出一切無常、無我。因為無常、無我已融入生命而與生命結合統一了，所以能清清楚楚看出世間的實相。別人認為是煩惱的、是苦的，我們不以為是；別人熱衷追求的，我們看清其虛幻相。依中觀的說法，我們是依性空看待一切；依真常唯心思想的角度看，我們是依清淨心包容一切。而這實際上都是依佛法的核心思想──「緣起」做為依據的，雖然觀想、切入的方法有異，最終必然朝向這個核心思想，而所證悟的也必然是徹底圓滿之境。

兩種依念頭做觀想的方法

〔方法一〕

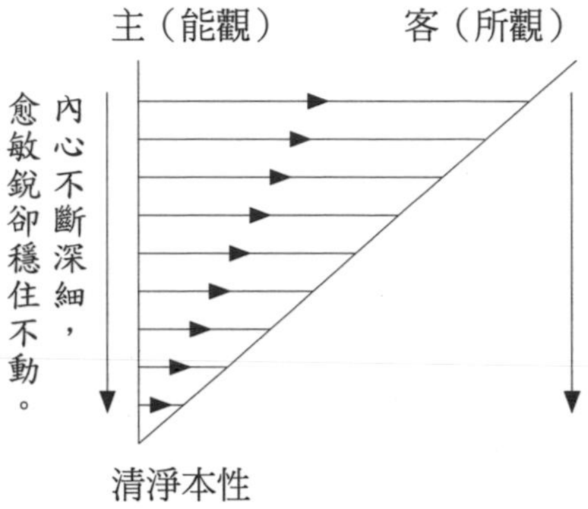

〔方法二〕

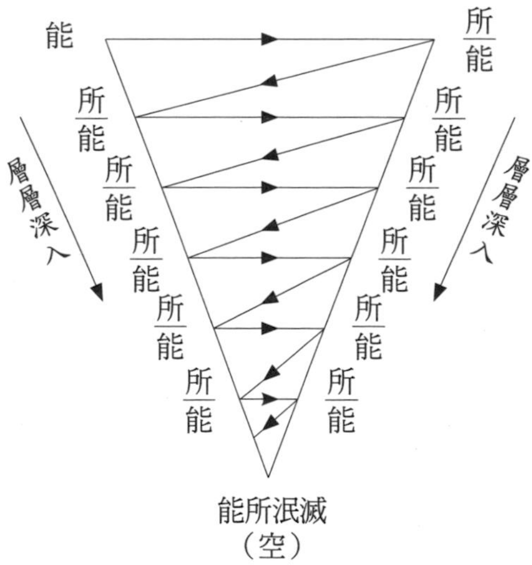

正解脫

一、養壺與調心

調心和養壺的道理是相通的。養壺主要的工夫是泡茶，即先將茶葉放進壺裡，再用熱水沖泡。在調的過程中，當然要加上一些工夫，才可能把壺養得美。然而最主要的還是在泡茶，最理想的是每天都泡、經常泡。比如紫砂壺有許多的微細孔，泡茶時，壺壁的微細孔會吸入茶湯，再慢慢地把茶湯往外逼，久而久之茶壺即會顯露光澤。

假如在這同時，把一些茶湯淋在壺身及一塊布上，再以這塊布擦壺，效果會更佳。擦的作用，是設法將茶湯和茶質（茶的油質）往內逼。泡茶在壺內，茶湯會往外逼；從外擦壺則是將茶湯往內逼，如此內外相逼，茶壺很快就顯露光澤，而且光澤是均勻自然的。擦的布可以是熱的，也可用冷的。壺內泡的是熱茶，外面擦的是冷布，溫度是從熱往冷處流動，所以熱度高的茶湯更易從壺壁往外逼，如此壺可養得更美。

一些人養壺只懂得往壺身淋茶湯而沒有用布擦它，久了以後，油質只是貼在壺壁外層，看似有光澤，卻容易被刷去，因為油質沒有被逼入壺內。假如不時常泡茶而只是以布擦壺身，光澤便無法顯現。所以壺要養得美，最主要還在於要時常泡茶，並且經常用布擦它。當然，壺的泥質也有一定的影響，泥質佳較容易養；否則即使養了好一段時間，效果也不大。

實際上養壺與調心的過程是相同的。養壺最主要的工夫在於泡茶，修行真正的功力則在於調心。養壺若只是擦拭壺身，它的光澤不實，很容易被刷去。所以得經常泡茶，讓壺壁不斷地吸取茶湯，壺的光澤自然美而耐看。修行的過程也如是，一定要往內心淨化，同時不斷地調整外在行為，才可能達致內外相應。若只是注重內在的淨化而忽略外在行為的改進，或只是在外在行為下工夫而不重視內在的修為，都不是理想的。養壺如此，修行亦是，都必須是內外兼顧、相應的。

雖然如此，在開始調整時，還是會有不相應之處。理論上雖然了解了，卻未必能在事相上實踐，因為所顯現出來的種種事相都是錯綜複雜的，包括了五根接觸五塵、意識所接觸的法塵。這種種訊息傳入、吸收後，產生種種的了別、感受、思考，乃至於行為也是錯綜複雜的。它們所呈現的種種現象——好的、壞的、善的、惡的，皆是相對複雜的，卻也都依於一個理則而開展的。

二、佛法的核心——緣起

當我們研究一個文化，探索它的發展過程時，必然會發現與其地理環境、歷史背景，乃至當地群族較內在的素質息息相關。這種種條件、因素，一定影響其文化的發展與動向。而各別不同的條件，所帶來的挑戰與影響也都不盡相同，比如黃河流域有其獨特的條件，印度恆河也有其獨特的條件。外在條件的不同，當然就影響當地的居民，而他們也必然依據自己本來具備的內在條件，對這外來的挑戰做出適當的回應。然而即使外在的環境相同、挑戰一樣，也會因為個人內在素質的差異，而做出不同的回應。

中華文明有著源遠流長的文化，華裔子弟必然深受此文化影響。尤其是我們（馬來西亞）南來的祖先們，雖然離開了自己的土地，然而血脈裡依然傳承著中華民族的哲學思想。本土環境所給予的挑戰，對南來移民的華族及本土的居民，基本上是一樣的。但因為內在素質不同，所做出的回應就有所不同，因而塑造出不同的文化風格。

我們是從種種事相上去探索，哲學家卻不然，甚至科學家也逐漸走回哲學家的路線，即從錯綜複雜的事相中去尋求或探討一個普遍存在的理則。不管是哪一個群族或哪一個文化，它必然有一個發展的秩序，而此秩序有其必然性與普遍性，即「放之四海而皆準」，這個必然的秩序即是佛法的核心思想——緣起。

放眼世界，任何一個文化發展的過程，必由許許多多的條件組合而逐漸形成的，但各別條件不同，所顯現出來的事相就不一樣；事相上雖然差別、相對且複雜，卻必然是依於一個理則或一個秩序發展的。而發展的時間有長有短，也同樣是依於它外在的條件及其群族的內在因素。

近代西方歷史學家逐漸看出文明的發展必定依於某一秩序，所以有學者便大膽提出「文明有春夏秋冬轉變」之說，這是德國歷史哲學家史賓格勒（Oswald Spengler）所提出的概念。他發現，西方文明已從最高峰開始走向衰微了；他也依據各種曾經出現在地球文明的發展程序，看出文明到了一個高峰，必然會走下坡，最終將死亡。

不過，另一位歷史學家則認為不盡然，提出文明可以進化，也可能退化；退化了以後也許會滅亡，也可能退化了以後再發展。文明發展的動向如何，乃視過程中它所具備的種種內、外在條件。除了外在條件的衝擊影響，也決定其內在的回應能力。假如外在條件給予的壓力、挑戰太大，而內在的條件不足以應對此衝擊，則這個文明可能衰微、甚至會滅亡；反之，若外在的挑戰、衝擊雖然大，但其內在的生命力強，足以做出適當的回應，則此文明將會持續或成長。文明要進步、成長，須靠外在的環境給予挑戰與刺激，否則文明也會慢慢僵化、衰微。

當今許多歷史學家、哲學家、物理學家、科學家，都在極力探索宇宙最根本的運作原理。物理學家意圖從所發現的「四種能量」中理出一根本能量，哲學家則提出「本體論」以闡釋宇宙生命的形成；而佛法的核心思想——緣起法則，確確實實將世間種種現象理出一個頭緒來。世間任何一個現象都是依於各種條件組合而成的，從最微小的單位到無限大的宇宙，莫不是如此。

科學家發現極小的單位，也可以不斷地細分為許多更細微的單位，如原子內有核子、電子、粒子、反粒子等。實際上這些極細微的單位，是無法看到且測量的。有的是依原理而假設的，它必須與其他單位結合起來，方能發揮作用。因此，一切存在的現象，不管可不以看到，或能不能感受到，從最微小的單位到無限廣大的宇宙，都是組合體，沒有一個是單獨存在的個體。而這些組合體，必然是在不斷變動的過程中，才能顯發其功能。

三、如實知，如實見

一切的存在必然依於時空而顯現，從時間上看，它恆常在變動中，所以是無常；而從空間上看（即將時間暫時終止而做靜態的觀察），它存在的當下就是一種組合體，無有一實際存在的個體，所以是無我。無常、無我的存在必然剎那變化著，由此顯現出來的必然是生滅相。生滅在剎那剎那交替著，即變化剎那剎那在發生著，此變化即各種組合此一現象的條件不斷地調整、組合或離散的過程。即使表面上看似靜止不動，實際上它一定是在變動著，也許是非常細微的一種變動，而看不出其變化，這是由於我們自身的局限所致。一旦將時間拉長，變化就顯著了。在各別條件不斷組合、調整的過程中，一些條件離散了，現象變換了；另一些條件加入，現象也隨之變化。當組合此現象的條件完全離散時，它就滅去了。世間的一切現象，花草樹木、山河大地，乃至有情的生命個體，也皆如此！

因為是組合體且恆常變動著，所以顯現出來的種種事相是相對而錯綜複雜的。我們必須從種種差別、相對的事相中看出其必然的理則，即將事相的多面性與理則的一致性統一、貫通起來，否則容易被種種差別之相所迷惑。

我們有異於其他有情，是由於我們的心有一種覺知的作用。倘若無法掌握事相發展的必然程序，當接觸種種外塵時，就不能如實知、如實見，而做出錯誤的判斷與反應。因為種種錯誤的知見、錯誤的判斷抉擇，而導致錯誤——違反法性的行為。不能隨順法性的運作，當然就產生種種的束縛、不如意及苦痛了，這是生命流轉的現象。

要從中超脫，不昧於事理，我們必須從世間種種現象中去分析，甚至從有情生命流轉的現象中去調理出一個必然的秩序。一旦能如實掌握此必然理則，則不管現象如何複雜、變幻，萬變不離其宗，我們都能夠看出其必然依於這一秩序在運作；並在不斷地觀察、調理中，逐漸明白且看透事相與理性的一貫性。從事相的種種演變中，看出其依於一必然的理則；再從此理則去分析、推測事相為何如此演變，而達到事理無礙。

如實明白一切，包括身心的運作皆不離此法則，在知見上就能夠隨順法性了。屆時種種不合理的意願要求，也都能夠捨下了。雖然現象仍然變化，卻能夠看透這是由於條件在不斷組合、離散所致，一切的愛染、執著皆不生起，當然苦惱也就無法貼上了。一旦放下了種種不正確的知見與情感，生命即進入寂滅的狀態。那是什麼狀態呢？我們無法知曉，只能體悟；無法完整、徹底地描繪、形容，只能約略表詮、傳達。

我們仍然落在不正確的知見與情感裡，對世間依舊是貪戀、染著不捨。依此錯誤的知見、錯誤的情感，意圖去了解、看透如實的真相時，當然是隔了一層；希望能夠隨順法性，也必然無法達到全然地隨順。

所以修行的過程，即從外在事相的不斷演變中，看出一切都是生滅相而已，甚至能夠看透生命體的心識作用也不過是如此運作。原本堅固的精神作用——我見、我愛、我慢、我癡，在知見與情感不斷地糾正、調整過程中，也慢慢地一層一層地脫落；從最外在粗顯的愛染的捨離，逐漸達到最內在深細愛染的徹底脫落。內心全然清淨了，即能夠隨順法性或是契入法性了。

不管是隨順抑或契入，都還是落入相對相裡。有一個「我」，另一個法性讓「我」隨順；或說法性在內、「我」於外，「我」契入法性。實際上是否如此呢？你說不是，你怎麼知道不是呢？說是或不是、知道或不知道，也還是落入相對的世間法境界內。

當聖者覺悟了，即悟入法性，他們也是與我們同樣生活在一個時空裡，他們的生命體顯現與我們的也沒有差別。不同之處在哪裡呢？我們吃飯，聖者也一樣要吃飯；我們睡覺，聖者也需要睡眠。絕不是說解脫了、都出世間了，不需要睡覺；或是浮睡在半空中，不會落在地面。聖者在生活上所顯現的種種，與我們一般上都沒有兩樣，但差別還是有的。從相對的觀念去看，我們看到的一切現象都是相對的；對聖者而言，所有的一切則都是絕對的。要注意的是，在講絕對時，又與相對「相對」了。處於相對的境界內，當然無法如實了解絕對之境，所以要達到完全統一的境界。舉一個最簡單的例子，我們心裡想什麼，想了才會去做，身與心是不一致的，因為有前後相。比如你想要喝茶，才會拿起杯子喝茶，這個過程是相對而不統一的。

但聖者在處理任何一件事情時，他當下的身心是統一的。他一動念要喝茶時，就已經在喝茶了（我們姑且說聖者還有念頭，還有正念）。比如現在下課了，你有一個念頭要站起來，然後行禮。但是聖者的念頭在動的當下，他已經站起來了；他的念頭與動作是一致的，並沒有前後之分。我們在分析事理時，是從事相上看出其理則，或是從理則上去看出事相的演變，事理對我們來說是分開的。對聖者而言，事理無礙、內外統一，生活上完全隨著法性、順著自然。

聖者的心是平直的，即心念與行為完全一致的，絕不像我們那諂曲的心，裡外不一。聖者表現在生活上的是平常心，該吃飯時好好吃飯，該睡覺時也照樣睡覺。在處理任何一件事情或當下因緣具足時，就是如實地活在當下的狀態裡，身心與外境達致全然的統一與和諧。

四、活在當下，隨順法性

從相對的觀念來看，我們說聖者依善法、清淨法修行而證悟法性。但是在聖者而言，沒有「我證入法性」的觀念，有此觀念即落入相對裡，就不是證入果位的聖者。證入初果的聖者從事相上分別及經典的說明，知道自己處的境界是初果；若再繼續用功，則可證到二果、三果，甚至證到無學阿羅漢果位。然而證悟的聖者完全不會有證入果位的觀念，他只是在生活中很自然地流露證到那個果位的聖者所應該有的種種心念與行為。

假如有人整天說他證到第幾果，那就很麻煩了。戒律有說到，不准我們去問別人證到什麼果位；證果的聖者固然很清楚知道自己處在什麼果位的境界裡，卻不會到處告訴別人。佛陀也不允許弟子如此做，不管是真的或偽的都不准向外宣說；假的當然是一種增上慢或是大妄語，真的也默然！向外宣說，就某種程度而言，像是在炫耀。聖者證悟法性，已全然清淨了。《金剛經》有云：「法尚應捨，何況非法？」連善法、清淨法都必須捨掉，更何況是非法、惡法呢！所以聖者不會造惡，也不會自我炫耀。

在修行過程中，開始清除的一定是惡法；惡法捨掉了，再依善法、清淨法而修，直到徹底覺悟了，連善法、清淨法也一一捨掉。因此，證悟的聖者絕對不會有世間種種不道德的行為，他的行為必然是清淨的，但卻不執著於清淨。

我們也可以盡量在行為上做到清淨。但若只是表面看似滿清淨、滿有修行的，卻無內在的修持，一旦境界現前時，即很容易失念而造業；有如只淋茶湯於外的茶壺，外表雖然顯露光澤，卻容易被刷掉一般。倘若只是依戒律或定力來把持、守住自己不犯戒，並不是真正的智慧。有一種戒叫定共戒，即修定以後自然產生的戒。像世間欲界的某些行為，我們不會去做，但並不意味沒有這個煩惱。而是在修定時，心調細了，對某些欲望自然減少，也自然會遠離而不造作。然而一旦定力消失了，根本煩惱還在，仍然可能被挑動而造業的。

聖者則不然，他內外統一了；猶如茶壺內外的茶質相逼得透徹時，任憑你怎麼刷都刷不掉的。證悟法性的聖者，念念必然與正法相應，在生活中表現得完全隨順自然法性。任何時候、任何環境，他的行為舉止都是非常清淨的；猶如荷葉，即使是最清淨的水滴在荷葉上，也一定會滑掉而不染的。

經典裡有說到初果聖者鋤地時，蟲兒自然離鋤地的地點四寸，看似有點玄。我想聖者自身可能有某種感應力，他自然知道哪個地方有蟲，而不會鋤到那兒去，他自然離蟲四寸。

聖者完全捨掉不正確的知見、不正確的情感，他依般若空慧徹底看透世間的實相，世間種種的利益都一一放下。他必然不會再造業了，而在生活上自然隨順法性而運作，同時他也非常敏銳，如實覺知每一個當下的情況。倘若我們本身也在修持方面下了一番工夫，與聖者親近時，彼此之間就會產生一種感應，屬心靈的溝通，一種非常微妙的感覺；從聖者自然且親切的言行流露中，感受無限的法喜，如沐春風。

通過聖者的生活方式及言語舉止，大概可以預測他的境界。儘管如此，我們卻沒有資格去驗證、衡量他是否證果？我們固然需要參訪明師，但首先必須具備一些條件：要有慧眼，才可能識明師。我們必須清楚知道明師應該具備的條件、哪些人值得我們去親近與學習，否則有人自稱是阿羅漢，我們一窩蜂去親近他；別人說他是菩薩化生，我們也傻呼呼一擁而上。也許他不是帶我們往解脫道去，而是愈陷愈深、愈修愈乖離解脫道。所以參訪明師，首先要有明辨明師的能力。

親近明師、聖者，對我們的修學能夠起一定的幫助，也許幫助不是直接的，然而影響卻是必然的、肯定的。親近、參訪明師與聖者，只是希望向他學習，而不是把他當作偶像來崇拜，或希望他能賜福、賜平安給自己。若是期待此類世俗的賜予，隨便找一個巫師也可以做到。

真正覺悟、解脫的聖者，必然是透徹且完整地見到法性而能隨順法性，一切不正確的知見、不正確的情感也紛紛脫落。他的道德行為不但符合世間的要求，甚至超越世間一般的要求；其顯現於外的必然是更高尚、更清淨、更純潔的作風，身心也是統一、和諧的；於事理上，其覺知是無礙的；於生活上，則是寂滅的狀態。

倘若我們有機會真正接觸證果的聖者，透過其生活的種種，可以做為我們行為的模範、修行的依止，讓我們能依正知正見，逐漸把錯誤的知見與情感一層一層地剖析、消除。從知見上不斷地調整，也慢慢地淨化外在的行為；再依外在更清淨的行為熏習內心，讓內心也逐漸淨化，直到內外達致最徹底的淨化，屆時一切不正確的知見與情感都脫落了，取而代之的是正知正見，能徹底看透一切真相而能隨順法性運作，即證解脫寂滅了。

（西元一九九四年十一月八日至十一月十五日第八屆精進靜七，講於馬來西亞怡保般若岩，林素芬居士整理）

國家圖書館出版品預行編目資料

心的鍛鍊：禪修的觀念與方法 ／ 釋繼程著. -- 初版. -- 臺北市：法鼓文化, 2010. 12

面 ； 公分

ISBN 978-957-598-541-7（平裝）

1. 佛教修持

225.7 99021456

智慧人 14

心的鍛鍊
——禪修的觀念與方法

法鼓文化

著者／釋繼程
出版／法鼓文化
總監／釋果賢
總編輯／陳重光
責任編輯／李書儀、李金瑛
封面設計／化外設計
內頁美編／連紫吟、曹任華
地址／台北市北投區公館路186號5樓
電話／（02）2893-4646 傳真／（02）2896-0731
網址／http://www.ddc.com.tw
E-mail／market@ddc.com.tw
讀者服務／（02）2896-1600
初版一刷／2010年12月
初版六刷／2022年12月
建議售價／220元
郵撥帳號／50013371
戶名／財團法人法鼓山文教基金會—法鼓文化
北美經銷處／紐約東初禪寺
Chan Meditation Center（New York, USA）
Tel／（718）592-6593 E-mail／chancenter@gmail.com